為什麼你很聰明，卻活得憂鬱空虛？心理學家告訴你改善的方式

聰明、創意、高敏感人的生存指南

Why Smart, Creative and Highly Sensitive People Hurt:
A Toolkit for Thriving in a Chaotic World

創意、批判心理學領域博士與暢銷書作家
艾瑞克・梅西爾 Eric Maisel ——— 著　田昕旻 ——— 譯

晨星出版

各界盛讚

「你是何方神聖,怎麼這麼厲害?我買這本書送給我先生當聖誕禮物,但我想我其實是要買給自己。感覺好像你在我腦內跟我對話,讀完之後我淚流滿面,因為你撰寫的內容正是我的人生掙扎。我不知道除了感謝你撰寫此書,我還能說什麼。這本書真的改變了我的人生。」

——梅麗莎·安(Melissa Ann),讀者來信

「艾瑞克·梅西爾是出色的心理治療師和創意專家。他不僅文筆流暢、簡潔又詼諧,他還帶來如此深刻的見解給無法停止動腦、被貼上『聰明』標籤的人的黑暗世界。本書中許多章節與我的生活和工作習習相關,甚至讓我覺得他簡直就在我過度活躍的大腦中,傾聽住在我大腦裡的『猴子心』(monkey mind)。這本書以及作者所有應付這廣大領域的其他方法,都帶來令人耳目一新的理解與知識。很高興得知我並不孤單,而且有很多方法可以為生活帶來意義,無論它有時看起來多麼可怕。謝謝你,艾瑞克!」

——哈爾濱創意(Harbin Creative),亞馬遜五星評論

「如果你這麼聰明,為什麼還要受這麼多苦?梅西爾博士深入探討了聰明人特殊心理挑戰的根源,提供一個新系統,教我們從生活中獲取意義和喜悅,並透過慈悲和寶貴的建議,幫助你克服聰明人的特殊挑戰!這本書會讓聰明人變得更聰明!」
——凱薩琳·布魯克斯(Dr. Katharine Brooks),《你的主場在哪裡?找出通往願景之路》(Mapping Your Path from Chaos to Career)作者

「我一定要寫信告訴你,我有多麼感激你對人們和這個世界的貢獻。因為你的著作,我想我可能終於有希望可以脫離長期以來的痛苦。太感謝你了!你如此有天賦,還有很多智慧,易讀好懂的寫作能力。我相信你還有更多優點。感謝你向我們分享這一切的勇氣與愛!」
——莉安(Lianne),讀者來信

「你不必是個聰明人也能從這本書獲益良多(而且喜愛這本書)!本書每一章都用簡單、幽默的語句說明為什麼人們對自己的生活或彼此感到不快樂或不舒服。艾瑞克·梅西爾看到我們。他理解為什麼人類是這個樣子,他以一種溫和而慈悲的方式對我們解釋我們自己,並給我們簡單的建議,讓我們的生活更輕鬆、更快樂。我買了一本送我的青年朋友,這就像一本成年指南!多好的一本書。」
——琳恩·施普林(Lynne Spreen),亞馬遜五星評論

「哇！你是我的救世主。我還沒看完這本書，但我剛才覺得我需要擦擦臉上的淚水，放下它，讓你知道，你的書確實是第一個讓我感到不孤單的，**我深深感激**。我面對憂鬱症時最困難的不是『沒有人理解我的憂鬱症』，而是『沒有人理解我的想法』。我總是以不同的方式『核對』。我不信教，但我還是想說*祝福你*！請將這封電子郵件視為來自陌生人的一個巨大又充滿愛意的擁抱。當我寫這封信給你時，我甚至忍不住大笑。感謝你，深深感謝。我由衷感激。」

——柴克（Zachary），**讀者來信**

「這本書是資優兒童的父母和 15 億發現自己處於世界人口前 20% 的人的必備讀物，它有力地說明了最優秀和最聰明的人面臨的掙扎，並提供有可能改變世界的答案。」

——蓋爾・麥克米金（*Gail McMeekin*）
《*高創造力女性的12個祕密*》（*The 12 Secrets of Highly Creative Women*）作者

「我沒有讀過如此一本書，能清晰闡述許多聰明又充滿創意的人每天面臨的掙扎。梅西爾的方法簡單又直接，專注於他所創造的協調生活哲學，這種生活哲學對我來說是新觀念，而且已經產生一些顯著的成果。」

——*LFP*，**亞馬遜五星評論**

「我想寫信給你,讓你知道我有多感謝你寫了這本書。我覺得這本書救了我的命。我就是你書中描寫的『聰明』人的縮影,在讀這本書之前,我覺得世界上從沒有人懂我。我每個禮拜會讀五到六本自我成長書籍,試圖找出我有什麼『問題』,以及為什麼我感到如此不滿和絕望。然後我找到你的書。你書中的每一段訊息都好像在直接跟我說話。我不再感到孤獨,還希望我能在我的生活中創造意義,一次採取一個行動。我打從心底感謝你。你拯救了我的生命,給了我希望。感謝你送給這個世界如此美好的禮物。」

——翠西亞(Tricia),讀者來信

「本書深刻檢視聰明人所面臨的挑戰,艾瑞克·梅西爾探討如何重拾熱情,並過著更豐富、更多產的生活。閱讀這本充滿智慧的書真是明智之舉。」

——約翰·莫伊爾(John Moir),
《禿鷹歸來》(Return of the Condor)作者

「我看了這本書,彷彿有人寫下我腦中的所有經歷。若有人不知道聰明和憂鬱症有何關聯,這是一本很棒的書。書中描述的許多例子幾乎完全符合我的想法。我一下就讀完了,非常有意思。我很欣賞艾瑞克·梅西爾,他文筆流暢,讓心理學變得很容易理解。」

——艾爾(Ale),亞馬遜五星評論

「我花了一個短暫的下午，坐在咖啡館裡讀完你的書，我能說可以讀到這本書實在太幸運了嗎？因為它回答了我成年後一直在努力解決的主要問題，即『為什麼？』在看你這本書之前，我不斷地問自己，我明明受過教育、聰明、明智、心智健全、通情達理、公平，為什麼我的生活這麼痛苦。我從來沒有想到這實際上可能正是問題癥結點。你的解釋非常精確，我發現自己大聲喊了好幾次『天哪』，鄰座的客人都感到困惑。讀了你的書之後，我覺得我的生活變得更容易理解，困難的處境也變得更容易接受。祝福你一切安好！」

——索妮婭（Sonya），讀者來信

「艾瑞克‧梅西爾的這本著作是原創又發人深省的作品，同時也使人安心。據我所知，他提出前所未見的觀點。我上過艾瑞克的幾門課，我自己很清楚他的方法有多厲害。正如他所描述的，他的原則很簡單，但卻非常實用又有效。」

——羅莉‧喬‧莫爾（Laurie Jo Moore），醫學博士

「我讀了你的新書，讓我徹底改觀。光是寫出這些事就讓我感到焦慮，好像我會打破魔咒！我現在正在讀第二次，速度比較慢，但感覺好像比第一次有更多收穫。感謝你所做的一切！」

——威廉（William），讀者來信

「閱讀這本書對我來說非常有意義。我覺得作者確實理解許多我遇到最困難的挑戰。他以鼓舞人心的方式討論如何應付這些挑戰，與我諸多想法產生共鳴，為我努力過更幸福的生活提供一些我非常需要的鼓勵。我會跟我身邊的朋友推薦這本書。」

——肯特・海納 (Kent Heiner)，亞馬遜五星評論

「我剛開始讀你的最新著作。我已經很久沒有看到這麼有共鳴的書。我剛讀完第一章，但我的思緒飛快，整個人感到正向積極，所以我決定現在就寫這封信。每當你提到一些觀點，我就感覺好像有一塊磚從我承受的悲傷中被拿走了。我現在感覺好極了，我知道我將在幾個小時內就會看完這本書。我深深著迷！很高興我遇到這本書。」

——赫許（Harsh），讀者來信

「這是一本真正出色的著作，發人深省又充滿原創性。事實上，這是一本重要的書，值得成為主流。我會推薦給我所有的朋友。」

——馬克・羅登（Mark Rowden），亞馬遜五星評論

「跟其他的書不同，這本書讓我意識到我有多會逃避生活中最重要的事。幸好，梅西爾的智慧指引我回歸意義。梅西爾並沒有奇蹟般地為我的問題提供解答。這讓我鬆了口氣，因為我在這類書上浪費太多錢。真相以充滿同理的方式傳達給我，更重要的是，這也成為我重建生活的策略。這本書比所有自我成長書籍都更勝一籌。」

——葛雷格・巴克（Gregory A. Barker），博士，作家兼講師

獻給安,一如既往

目錄

- 002　各界盛讚
- 010　原出版社前言
- 012　推薦序
- 015　新版引言
- 021　第 1 章：聰明才智遭貶抑
- 030　第 2 章：聰明職業變成了矛盾修辭
- 040　第 3 章：先天性格、後天性格與可得性格
- 049　第 4 章：我們的實驗模型
- 059　第 5 章：躁狂的邏輯
- 069　第 6 章：高速運轉大腦的特點
- 080　第 7 章：聰明間距
- 090　第 8 章：思考焦慮
- 101　第 9 章：語言與邏輯的誘惑
- 112　第 10 章：神祕主義的誘惑
- 121　第 11 章：堅定但不自傲的信念
- 131　第 12 章：不合理地自尋煩惱
- 141　第 13 章：評價的痛苦
- 151　第 14 章：神蟲綜合症
- 162　第 15 章：有效地掌握意義
- 172　第 16 章：創造日常意義
- 184　第 17 章：欣然接受意義流動
- 194　第 18 章：鍛煉你的大腦
- 205　第 19 章：給聰明人的藍圖
- 216　結論
- 220　資源手冊
- 258　關於作者

原出版社前言

書是救命的浮木

排擠有各種不同的形式,其中大部分是始於小學遊樂場,和國高中的走廊。聰明的孩子往往在細微或明顯之處與眾不同,而遺憾的是,其他孩子經常是以霸凌的方式嘲弄、取笑那些不同之處。這有可能是許多資優生和高敏感的人首次受傷的眾多方式之一。但傷害也有可能發生在家中。這可能是一種慣性的開始,這種慣性會在生活中以各種方式在不同環境中複製,包括職場、俱樂部和朋友之間、社群媒體和戀愛關係等等。

漠視高敏感的人會對他們造成深遠的影響,甚至可能是毀滅性的影響。在這個喧鬧且凶險的世界中,心理健康、自尊、社交和人生探索都變得更具挑戰性。以上這些挑戰,都顯得艾瑞克‧梅西爾的任務更加重要。梅西爾是一位退休的心理治療師,出版多本著作,這些著作的目的都是為了促進有創意、古怪、敏感的聰明人的生活。梅西爾的書,《聰明人的生存指南》(*Why Smart People Hurt*)十年前首次出版,立即受到這群人的歡迎,他們在書中找到同類。而我自己則在這本書中獲得慰藉,因為我小學時受到相當嚴重的欺凌。我用書當做屏障,不讓自己受周遭世界的評

論和喧囂的影響。我明白書籍的力量無遠弗屆，甚至可以拯救生命，就像艾瑞克・梅西爾所做的一樣。因此，我非常開心也自豪地推出這本擴寫的《聰明、創意、高敏感人的生存指南》(Why Smart, Creative and Extremely Sensitive People Hurt)。

艾瑞克・梅西爾收到無數讀者的來信，表達他們對本書指引與看法的誠摯謝意。有些人提到，他們的痛苦深到他們考慮過結束自己的生命。幸好，艾瑞克的書是一面盾牌，也是一盞明燈，為我們指引通往更光明、更快樂生活的道路。

人生確實「苦短」，正如人們常說的那樣。光是查看每日新聞就會讓你想躲起來；一切似乎都太難以承受了。如果你發現自己感到絕望和不知所措，我要跟你說，堅持下去。本書最後提供了許多心理健康資源，敝社堅信心理健康非常重要。

我們也很樂意收到各位讀者的來信，敬邀各位直接透過下列電子郵件信箱與我聯繫。希望你和我，受這本書同樣多的幫助，也祝福各位一切順利，生活多采多姿。

一切順心，
布倫達奈特 Brenda Knight
出版人、康納利代理（Conari Press）與
芒果出版集團（Mango Publishing Group）
來信請寄：Brenda@MangoPublishingGroup.com

推薦序

安娜尤辛醫學博士（ANNA YUSIM, MD） 撰

在人類歷程的廣大風景中，有些書具有改變人生的力量。它們深入讀者內心，與讀者心中最深的糾結產生共鳴，並在讀者獨一無二的人生旅途中，提供指引與慰藉。毫無疑問，艾瑞克．梅西爾的《聰明、創意、高敏感人的生存指南》就是這種書——深入探討聰明、敏感又有創意的人所面臨的挑戰。

我和他首次見面，是在他於克里帕盧（Kripalu）開的寫作課上。當時我為了完成我的作品《實現》（*Fulfilled*）的原稿，而前往該地找尋靈感。我以為請經驗豐富的作家提供一些及時又實用的寫作指引，可能正是我需要的解決方法，可以推進我的寫作進度。艾瑞克明智的建議的確協助我快速又有效率地完成了原稿。但更重要的是，我們從此之後建立了美好的友誼。因此最近艾瑞克請我為《聰明、創意、高敏感人的生存指南》撰寫推薦序時，我深感激動來支持這位作家同儕、治療師和朋友——來引導讀者邁向充滿意義、目標、實在又安適的人生。

艾瑞克是一位才華橫溢又聰明的作家，致力於理解和緩解因擾當代社會的眾多不滿。他無畏地面對那些絕頂聰

明和有創意的人所面臨的殘酷現實,他提醒我們,非凡的人也無法倖免於一般人所經歷的痛苦。事實上,這些讓他們成就非凡的特質也可能是他們感到痛苦、創傷和孤獨的原因。艾瑞克的話令人深感共鳴,他斷言了追求才智、努力於創意和走人煙稀少的路徑時會面臨的挑戰。

　　艾瑞克在本書中,以犀利的目光檢視我們周遭的世界。他闡述了獨裁政權的崛起及其對知識分子的隱性威脅——這是歷史不斷告訴我們的真理。他直言不諱地提到精神健康的衰退、人工智慧壓倒性的影響,以及我們社會普遍存在令人灰心的不平等。透過他深刻的觀察,艾瑞克巧妙地建構出他的見解,邀請我們檢視隱藏在生活表面之下的危險。

　　艾瑞克探究聰明和敏感的人所面臨的獨特挑戰時,不僅侷限在社會的影響。他深入研究這些人的本質,揭露他們的內心負擔。他們無法停止的快速思考、容易成癮,以及對與世隔絕和目標的渴望,都成為他們實現人生成就之路的龐大障礙。艾瑞克以關懷的角度,闡述內心的混亂,而這種混亂常常掩蓋了他們表現卓越的潛力。

　　在這些苦難中,艾瑞克懇求我們意識到伴隨才智、創造力和敏感天賦而衍生的固有責任。他提醒我們,聰明的人並非生來就正直,絕對不能為了追求個人利益而勾結邪惡的一方。他反而呼籲我們承擔義務,發揮才能,為公益服務——利用我們獨特的天賦揭露真相,挑戰現況,為更公義和慈悲的世界鋪路。

當我思考艾瑞克的觀點時，我想起詩人魯米（Rumi）說過：「不要滿足於故事以及他人的發展，要展開你自己的神話。」在《聰明、創意、高敏感人的生存指南》一書中，艾瑞克鼓勵我們踏上自我探索的內在旅程，擁抱聰明才智和敏感帶來的挑戰與複雜性。他誠摯邀請我們正視恐懼，承認自己的弱點，並培養在洶湧的才華之海中航行所需的韌性。

　　總而言之，《聰明、創意、高敏感人的生存指南》對那些發現自己正走在聰明、創意和敏感這條錯綜複雜之路的人來說，是一座燈塔。艾瑞克的文字有股力量，可以點燃我們內心的改變之火，敦促我們擁抱自己的獨一無二，並將我們的天賦運用到人生目標和實踐上。這本書是悲天憫人的指南，提供慰藉又善解人意，並且保證我們苦苦掙扎時並不是孤單一人。

　　願這本書可以引起你內心深處的共鳴，賦予你力量，以真實、勇氣和對自身內在才氣的崇敬，安穩航行於洶湧的人生之海。

新版引言

　　整體而言,對聰明、敏感又有創意的人來說,現在的世道比起我十年前撰寫《聰明人的生存指南》時更加險峻。

　　首先,法西斯主義崛起,法西斯主義者總是先針對知識分子。知識分子可以看穿暴君的真面目,而暴君自己也很清楚。所以開始出現禁書、焚書和反教師的煽動言論。第二,個人的「心理衛生」逐漸衰退,也就是說,講白一點,焦慮與絕望的人比以前還多。聰明人可能發現自己花更多時間應付他的好幾種抗憂鬱劑,而不是在應付他的想法。接著還有人工智慧,再來還有憤世嫉俗,愈來愈嚴重的貧富不均;就演變成現在這樣的景況……

　　讓我們兩相對照兩段引言。川普（Donald Trump）名言是:「我熱愛教育程度差的人!」史達林（Joseph Stalin）的名言同樣有名:「誰投票不重要,誰算票才是重點」。把這兩句話放在一起,我們就有了簡短美麗的人類物種史。你幾乎可以說很多人不知道自己受騙了,或更糟的,他們會正面看待受騙的事實。再更糟的是,還會怨恨那些看穿獨裁者算盤的人。最糟的是,許多人就算知道事實,卻依舊選擇支持暴君,雖然有些人是毫無戒心,但有些則是心知肚明,他們的使命是推倒那些由聰明、有創意

又有道德的人付出鮮血、汗水與智慧的機構,來保住權力。

鎮民與紳民(Town and Gown)之間的文化戰爭和緊張比比皆是,而且隨時一觸即發,因為人天生就會嫉妒,只要一點點妒意就能產生很大的恨意——以及隨之而來的傷害——這份妒意僅僅是因為覺得自己低於看起來成功、有才華或某方面特別有天賦的人。讓我們再引用一句川普的名言,更進一步證實這個神奇的分歧:「我可以站在第五大道上隨意掃射某人,但不會流失任何一張選票。」會興高采烈地想像掃射畫面的忠誠追隨者是什麼樣的人?正是他們私下痛恨的人。川普深知法西斯主義者擁有的認知,只要撂倒他的追隨者鄙視的人,就可以讓他的支持率飆升。

誰知道我們偉大的直覺能不能抵抗這種簡單、深層、神奇又可怕的自卑情結?但我知道,許多聰明、敏感又有創意的人深受這種拉扯所苦,也面臨我在本書中提到的許多其他挑戰。1355 年,牛津發生一場暴動,鎮民和學生產生衝突,似乎是一名學生抱怨某一間酒吧的酒品質不佳,導致牧師被剝下頭皮,兩方皆有死傷,這是無數提醒的其中之一,表明在稀薄的文明表面之下,地球融熔的核心正在沸騰。

先讓我把以下的事情說清楚。並非聰明或有創意的人就「根據事實本身」(ipso facto)是好人,完全不是這樣。請讀杭士基(Noam Chomsky)言詞犀利的論文,《知識分子的責任》(*The Responsibility of Intellectuals*),此文以越戰的角度說明為何大部分聰明人會跟大部分人一樣,寧

可用真相換取二手車,用倫理換取地位,用體面換取舒適和輕鬆。如果集中營指揮官比他手下資質平平的護衛還要聰明,那只是顯得他的瀆職更糟而已。聰明人不會天生就有更優越的道德。而且簡單來說,他們應該更明事理,而不是傻傻地跟著魔鬼走。

我在書中提到的一些挑戰,肯定與聰明人的成長方式有一些關係。例如,她的大腦總是高速運轉,讓她深受困擾,還要面臨令她痛苦的威脅,而在當今被誤導又不合理地貼上容易掌握、營利取向的標籤(如注意力缺陷過動症和雙極性情感疾患)。她深受容易成癮困擾,因為她的食慾、不停轉動的大腦和生命力,使她更沉迷於無法滿足的飢餓,而非調和自己心中和諧的音樂。她需要安靜;她需要隔絕;她需要她存在的理由;她需要很多可能不那麼容易獲得或維持的東西。

有些挑戰與她可能已經收到並且可能仍在接收的訊息有關。誰需要又一本沒人會讀的小說?讀哲學有什麼意義?理論物理有什麼用呢?如果你願意的話,可以在淋浴時唱歌,但成為職業歌手嗎?你是誰,以為自己很有才華嗎?你是哪位,竟然以為自己如此特別?你是什麼東西,賺的錢這麼少,對家庭的貢獻這麼少?你是什麼人,竟敢有情緒、面部抽搐和個人特質?你是誰,竟然認為你的想法很重要?這些訊息現在來自哪裡?很有可能正是來自她自己的大腦。

從事需要動腦又高度創意的工作有其難度,有些挑

戰肯定與此有關，這類工作需要有紀律和奉獻，需要有靈感和純粹的腦力。研究物理學一方面很容易，如果是說創造富有想像力、但無人能驗證或質疑的弦理論或多元宇宙構想的話；另一方面，要絕妙點子像客房服務一樣，只要一個要求就生出來，卻極其困難。你可以用弦理論自得其樂——但你會滿意嗎？你可以寫一本公式化的書，略過挑戰書寫真正困難的書——但你會滿意嗎？你可以繼續畫那些大家都喜歡的櫻桃蘿蔔（radish）畫作——但如果你需要挑戰胡蘿蔔和高麗菜呢？然後該怎麼辦？

其中一些挑戰肯定與市場結構有關，如果你的研究對藥廠比真相更有用，或你的電影與幾乎所有賣座電影套用的英雄公式都幾乎一模一樣，那麼你在這樣的市場會表現得更好。市場並未獎勵柴可夫斯基小提琴協奏曲的出色與創新，而是將其噓下舞台。梵谷在世時，市場並沒有給他任何回報——而是刻意忽視他。市場上有太多因素會擾亂、打亂甚至削弱一個聰明人的能力，以至於她可能想完全避開——在這種情況下，她要怎麼付房租？

正如我一開始提到的，其中一些挑戰會與每個社會的核心文化衝突有關。聰明人可能會與他們生於其中而無從選擇的群體發生衝突，他們完全不喜歡所屬群體的共同常識，如通姦者必須遭石頭砸死，或如果他們他們不戴帽子或假髮，慈愛的上帝會恨他們。他們可能會與父母發生衝突，其中許多父母長久以來習慣打罵，斷言唯一正確的想法就是父母自己的想法。當他們力爭擁有和表達自己意見

的權利時,他們可能會與老師、同儕或幾乎每個人發生衝突。

本書有兩個目標:協助說明為什麼聰明並不好過,並提醒聰明、創意又敏感的人,即使他們試圖迎接個人和非常私密的挑戰,他們也有義務遵守道德規範。打個比方,如果你運用自己的聰明才智和創意寫了一本小說,但你發現你不喜歡它,或者它很難賣,那這肯定會讓你感到難過。但是,即使你悶悶不樂地坐在那裡,我也懇求你,身為公共知識分子和公共創作者,請為我們所有人挺身而出。無論如何,想辦法處理你個人的痛苦;但不要讓你個人的痛苦蒙蔽雙眼,使你看不見更大的責任。

而且,儘管聰明人可能面臨挑戰,但許多聰明人發現自己在社會中擁有特別待遇。他們可能會發現自己屬於頂尖律師、頂尖軟體工程師、頂尖外科醫生、頂尖企業家,或者地位、待遇、門路和便利處於其他經濟上有利之處。他們很可能會嘲笑他們受到傷害的論點,因為他們沒有受傷——而且,有人可能還會說這對他們有好處。但如果他們在那裡,在山頂,俯視別人,我會向他們提醒杭士基的告誡:

> 知識分子的位置能揭露政府的謊言,並根據其原因和動機以及往往隱藏的意圖來分析行為。至少在西方世界,他們擁有來自政治自由、存取資訊和言論自由的權力。對於享有特權的少數人而言,西方民主提供他們閒暇、技能

> 和訓練,來尋找隱藏在扭曲與謊言、意識形態和階級利益面紗背後的真相,透過這些真相,當前歷史的事件將呈現在我們面前。鑑於知識分子享有的獨特特權,知識分子的責任比麥克唐納(Dwight Macdonald)所說的「人民的責任」要深遠得多。

生而聰明、敏感又有創意,會伴隨許多可預見的痛苦,而且對於這類少數人,其中大部分人還會有許多特殊待遇。我想你會認同我在本書中描述的許多挑戰,我也希望讓你一次見識到所有的挑戰,可以使你更加了解自己面臨和對抗的情況。

其中許多挑戰並沒有好答案。但當挑戰到來時,可能會出現比你想像中更好的答案。也許光是在書中看到它們就會有幫助。總而言之:無論如何都要拯救自己的人生;這是當務之急。然後,請記住救生艇上還有其他人與你同在。畢竟,為我們自己、為人、為文明的理念盡我們所能,不就是我們的高標準使命嗎?

1
聰明才智遭貶抑
Smartness Disparaged

有無數嬰幼兒出生時,他們的社會地位、種族、宗教、原生家庭或其他條件或環境並不重視與生俱來的才智,或認為太聰明是壞事。

只有少數幾個人格理論有考慮到人格發展的挑戰,以及這些環境條件造成的表現,而這些人格理論主要是受到馬克思主義的經濟觀念影響。但是貶抑和否定才智還是十分明顯。如果你很聰明,而你生長的環境卻要求你不要那麼聰明,那你註定會過得很痛苦。

試想一個天資聰穎的年輕女孩過著這種生活。她家一團亂,而這些混亂來自貧窮、言語刻薄、物質成癮和生活不滿足。周遭充斥著威脅、衝動,而且無法容忍自由的思想,她想辦法就學──卻又進入另一個反思考的環境。

在學校有更多混亂的狀況等著她,即使一般人認為學校提倡思考,但她的學校課程卻教人緊縮又順從的思想、只根據事實與主題,又以考試為導向,只要是可直接離開的成人,絕對無法忍受一分一秒。

放學後,她參加教會學校(parochial instruction),並接受狹隘的宗教教育,要求她服從、忠貞、不要有太多

想法。她傍晚的生活更加混亂，為了逃離這一切，假如她幸運到足以擁有自己的房間和房門，她會關上房門；然後看好幾小時現成的低俗電視節目，發現可以紓解壓力和自我療癒，但卻又更感到麻木，也讓她變得更笨。最後，她睡著了，但隔天醒來又是一模一樣的生活。

這樣的環境會對她的大腦造成什麼影響？我們可想而知。很有可能，她最多就只能把自己埋進書堆裡，成為一名好學生、追求成績、做夢的人，或在如拼字或拼圖界等小眾領域成為不起眼的專家，但如果她在其他環境中成長，可能會成為有深度、自由、滿足的思想家，她與這樣的發展大相逕庭。

而那大概已經是最好的情況。更常見的情況是，她不會想太多，即使她有能力思考，遇到需要她思考的工作時，她會發現自己太焦慮又毫無準備，無法嚴謹地思考。因此，她就會失敗、對自己失望、縮小自己的夢想，開始形成一種性格，包括極度懷疑她是不是如自己所想的聰明。

這孩子註定愈來愈不開心，勢必會宣洩不滿或傷害自己，勢必會顯現出心理障礙或出現其他症狀，可能是兒童期憂鬱症或注意力缺陷障礙，甚至強迫疾患。我們可能會看到她藉由厭食試圖控制自己的人生；我們也可能會看到她逃跑、很年輕就懷孕、早婚、努力上大學但又輟學，在這些年間與思考一直維持著又愛又恨的關係，一下很渴望但一下又逃避。

孩子們無法自己應付這些挑戰。沒有任何 6 歲、9 歲

或11歲的小孩可以自己改善這個狀況——就算她自己知道好像有些事非常不對勁，就算她知道在所及之處外有更好的方法，就算她倔強地無視她的環境，對未來抱持著夢想和目標。他們沒辦法。

這些不好的結果都令人惋惜，但是也很正常。如果你每次都不讓孩子自由又深入地思考，那這就是意料中的結果。如果你把一個頭腦很好的人放到貶抑聰明的環境，你也不會意外看到那個人很哀傷（最後被貼上**長期憂鬱症**的標籤）、出現衝動的反應，表現地不在乎而非深思熟慮，懷疑自己的能力和選擇，並選擇低於預期的社經地位。

現在跟著這孩子，給她重獲新生的機會，譬如當她27歲，撐過了這些環境困境的後果和她自己充滿汙點的過去之後，她接觸到一個我之前提過的觀念，提醒了她，她其實可以有更好的成就。

這些觀念 —— 我們將談到的先天性格（original personality）、後天性格（formed personality）和可得性格（available personality）、賦予意義（meaning investment）和意義機會（meaning opportunity），環境挑戰造成不幸但完全正常（與所謂的異常或障礙相反）的後果，以及緩解不適而非診斷和治療心理疾病 —— 可以幫助她思考有什麼東西消散了，並思考如果她想減輕不適，現在需要做些什麼。

她有聰明的頭腦所帶來的先天性格，渴望思考，也習於思考；還有後天性格，必須應付阻礙她思考的事，而且

比較無法成功應付那些障礙；以及相當多可得性格，擁有對先天性格的直觀記憶，和足以看出自己後天性格雛形的意識，以進行真實又顯著的改變。

她可以運用她的可得性格，學習如何忍受她努力思考會一同出現的焦慮；她可以把思考當做一次意義機會（meaning opportunity），並且在一些思考領域做出有意識的意義投資，無論那些領域是她認為超出能力的專業領域，或想鑽研但卻因為害怕自己再次失敗而不敢開始的知識領域。這些都是她可以開始著手進行的努力和改變。

除了學習接受她後天性格的缺陷之外，她也能學著接受無法排除的環境因素。如果她又回去花一天時間陪家人，她會再度需要應付那個反思考的環境。如果她還沒有離開教會，她就得應付那個反思考的環境。如果她的朋友譏諷她的思考，她又必須應付他們。如果她打開電視想要放鬆，她又得應付充斥各個頻道的反思考節目。她英勇地努力提升自己，卻無法阻止環境因素繼續造成傷害和殘害。

我們的環境會迫使我們不要思考，這些都很正常也可預期。這樣的壓力會在我們直覺認為自己錯失先天機會時造成痛苦，也會對性格造成負面影響，產生從數學焦慮到憂鬱症的種種後果。如果你生來就會思考，卻被迫離開這條道路，那有個重要的工作能讓你經歷更少的沮喪，就是運用你的可得性格，跟你的大腦建構出新的、比較友善的關係。

如果小孩成長的環境會貶抑思考，在每個人生轉折中斷絕思考的機會，以及開始為他們鋪上人生軌道，告訴他

們能做什麼，和哪些工作超出他們的能力範圍，這些小孩長大後會發現自己受到社會的工作機制束縛。他們會符合某種工作而非另一種，他們會專攻其中一種社經地位而非另一種，他們會發現自己的選擇有限又令人沮喪。英國的強納森（Jonathan）就如此表示：

> 我不知道其他國家的情形，但在我生長的地方，有個人生軌跡效應，如果你剛好被放上不適合你才智的錯誤軌道，那之後要再轉回正軌就會是場惡夢。
>
> 我有個門薩的夥伴，就抱怨她遭潛在雇主拒絕，因為她曾經被迫在學校接受中等教育普通證書（CSE）測驗，而非更有威望的普通教育程度（O-Level）考試，即使她之後還是有取得她所選職業領域的專業證照。
>
> 不能直接要小小年紀就輟學誤入歧途和沒有接受教育的孩子，以及被世界拋棄的孩子，現在忽然重新發展出早已被剝奪的自尊，期待她可以解決她的經濟狀況（也許她到現在還在服務業做著基層工作），她就能上大學，拿到學位，好像一切都船過水無痕。
>
> 要從這樣備受抨擊的環境中恢復，要花好幾年時間，即使情緒和個人問題都解決了，還是會有缺少學位和適當職業的問題。很可惜，不管是勞工階層還是學術界，都彷彿只要一個人可以取得最高教育程度，就代表一切價值。但是當一切都不是你的錯時，這樣的看法有點傷人。
>
> 這樣的情況需要更多成年人的協助，也許是透過管理

人才快速訓練計畫,他們就能進入適合的職涯。我們之中許多在此情境下的人,其實大多都是獨立閱讀和學習,所以不希望只為了通過認證而呆坐在教室裡。以我的案例而言,未解決的問題是缺少可以符合我興趣和天賦的適當職業。我年紀漸長,還是維持高度自主學習,但無法成功找到神經科學的工作。

　　一個聰明人會渴望思考、需要思考也有能力思考。但家庭、學校和工作的本質、社會結構、以及身邊人士的習性常常勾結在一起,撲滅了他的才智之火。

　　他的家庭不可能激勵他,或燃起他對思考的渴望;學校不可能激勵他;他的工作不可能激勵他;他的牧師不可能激勵他;大眾傳播和他其他的紓壓管道都不可能激勵他;身邊無趣的對話也不可能激勵他。

　　他忍不住發現,他的人生和他的環境有個難以忽略的事實:「這裡只允許極少的思考。」但他可能很驚訝地發現這種厭惡藏得多深。事實上,大部分社會不只是貶抑思考;思考的人還會被當做大眾的敵人。他會被嘲笑是菁英和懦弱,他進步的看法會被厭惡,如果他生活在受暴君統治的社會,還會被噤聲,且可能遭受牢獄之災或謀殺。

　　暴君討厭知識分子,因為知識分子會看穿暴君,知其本質,而且將他們所見的事物清晰表述出來。他們知道自由受到侵犯和奪取的時候。他們更敏銳於知悉自己被灌輸

謊言。他們理解主流意見的反智程度有多大。

　　對思辯和聰明人的攻擊會同時發生。在此引述一份來自當代伊拉克、由人權監察團體提出的報告，名為《臉龐與名諱：伊拉克叛亂團體的平民死傷》（A Face and a Name: Civilian Victims of Insurgent Groups in Iraq）：

> 　　有些伊拉克學者把目前的攻擊視為破壞伊拉克聰明菁英的方法。目前很難得到確切的數字，但研究顯示，博士和學者特別危險。一份由伊拉克衛生部（Iraqi Ministry of Health）進行的研究推斷，武裝團體從2003年4月迄今已劫持160～300名醫師，殺戮超過25人。該研究表示，近1000名醫師已逃出國，接下來每個月平均超過30名。為了防止情況愈演愈烈，2005年春天，政府節目在電視上公告：親愛的市民，請不要殺害醫生——有一天你們可能需要他們。
>
> 　　在伊拉克曾經很有威望的大學的教授也遭受攻擊。根據2005年4月聯合國大學（United Nations University）的報告，自2003年起，已有48名學者慘遭暗殺，還有更多老師和教授每天都遭遇威脅。上百名學者和專業人士收到死亡威脅，要求他們離開伊拉克。根據大學教師協會（Association of University Teachers）的資料，自2003年起，已有2000名教授離開伊拉克，據協會表示，他們加入了在波斯灣戰爭後12年間離開這國家的10000名教授的行列。

無論什麼文化或時代，都會攻擊會思考的人。俄羅斯反抗的女性主義者被貼上精神障礙的標籤，目的是要箝制他們。指出商業造成環境危險的科學家被荒謬地稱為操縱恐慌。每個世代和每個文化都有自己的文化運動、責難和猴子審判（按：Scopes trials，指 1925 年美國田納西州通過禁止教導演化論的《巴特勒法案》後，由於高中教師約翰・斯科普斯教授演化論而被判有罪的事件）。

　　天生聰明的孩子不可能知道她的能力可能受到貶抑，思考本身就會被她社群裡某些人敵視和厭惡，或她可能被她的政府針對，只因為她選擇一個需要思考的職業。會疊積木或上網的聰明孩子，怎麼可能會懷疑人類對思考，以及科學、文化和自由等思考的成果有多麼不友善？這樣的概念對她來說一點都不合理。但是那就是永恆的真理，我們人類長期來就是這樣讓聰明人感到沮喪。

本章提問

1. 在你成長過程中,有因為聰明而遭遇貶抑嗎?

2. 關於你的能耐和才能,你曾經收到哪些訊息?

3. 你收過哪些對你的聰明感到敬佩或不敬的訊息?

4. 如果你因為聰明而得到褒貶不一的訊息,最底線或最誇張的內容是什麼?

5. 有鑑於那些話語和對你的後天性格培養有必要影響,你現在需要怎麼做,才能恢復原本的聰明?

2
聰明職業變成了矛盾修辭
Smart Work as Oxymoron

我們可以想像久遠之前的情況,那時的人們不會只擅長單獨一門專業或職業。如果你得自己種植或獵捕自己的食物、自己做衣服、幻想夜空對你的隱喻、自己療傷、自己找另一半、調製自己的興奮劑和鎮定劑,用所有想像得到的方法照顧自己和自得其樂,你不會擁有專業或職業。你單純只是活著;你只就是個人。

你不是烘焙師、住宅建築商、器皿製造商或自然哲學家;你集以上全部於一身。這樣的生活在現在幾乎是不可能的。雖然你可以身兼數職 —— 白天當律師,週日當畫家;白天是雜貨店老闆,晚上是木工,週末是漁夫;等等 —— 人類已經不可否認地把自己分類到不同的工作、職業和行業之中。

聰明人如果得到機會或創造了機會,會發現自己需要從標準的工作機會清單中選擇,這些工作機會包括醫師、律師、老師、科學家、小說家、企業家等等。這份清單上的工作可能在社會上都有一定的聲望,但每種工作對某個聰明人來說也可能沒有任何意義。將社會需求分類排序可創造出不同的工作和職業 —— 其中一些在名義上會允許思

考,但許多則不允許——但這樣的分類就減少了聰明人找到有實際意義的工作的機會。

社會賦予某個行業的價值,及其對個人的意義之間,並沒有必然關聯性。社會可能非常尊敬醫師這個職業,但只要你覺得醫學是沒有意義的工作,那它對你來說就沒有意義。社會可能不會太重視小學教師這種職業(無論口頭上多麼重視這份工作的價值和重要性),但只要你認為這是一份有意義的工作,那麼它對你來說就有意義。我再重申一下意義的核心事實,意義是一種主觀的心理體驗。假如某種工作對你而言沒有意義,那就單純沒有意義。

這個問題還因以下的額外事實變得更加複雜。人們不會只是成為律師、醫師或科學家;而會成為公司律師或訴訟律師、兒科醫師或腦外科醫師、地質學家或物理學家。也就是說,人們被迫專業化,而專業化經常反而更加削弱這項工作的意義。也許法律工作方面,如果你並不想賺錢而且選擇了濟貧法而非公司法,那法律工作可能會顯得有意義。科學方面,假如你有退一步關注最重要的問題,而非不得不深入研究小眾的生物、原子顆粒或地層構造,也許那原本對你是有意義的。但時至今日的專業工作組成方式,使你必然不得不專業化。

當代並沒有**總體思想家**類別可以符合古代**自然哲學家**的這樣的職稱,自然哲學家可以從事科學、哲學、藝術以及其他任何他們感興趣的事。現在的聰明人想必愈來愈明白一些事——專精於梅爾維爾(按:《白鯨記》作者)早

期作品的大學教授、專精於橋樑的工程師、熟悉稅法的律師等等——既然已經專精該領域了，就得**留在那個領域**，受困於各種責任中，如撰寫另一篇期刊文章、思考河流的另一個彎道，或熟悉另一項租稅法典變更。

生物研究員瑪莉蓮說道：

> 我經歷了漫長又艱困的旅程，才走到現在成為一所知名大學的生物學研究員，因為過程艱辛，需要跨越和克服諸多障礙，導致我從來不曾留意過程中究竟發生了什麼事。我從來沒有發現，我在大學上某些本科的課時，其實對課程內容感到興奮，而且我其實喜歡思考大的問題，但隨著一年年過去，隨著我不得不縮小目標，找到我的特定領域，並選擇我的生活方式，一切變成如此（我最終成為了某種蟲的專家），我停止思考，生活過得相當沉悶，試圖為自己的研究找到熱情。生物學很美好（畢竟我是一名生物學家），但一切最後卻以一種令人失望的方式匯集在一起。

哲學教授馬丁如此描述他的處境：

> 我前兩個月一直在為我寫的一篇期刊文章辯護，主題是康德倫理學中的讚揚和責難，有三位同儕評審委員對我的文章吹毛求疵、百般刁難。為了有機會發表這篇文章，

我需要處理他們的每一項擔憂——對我來說,麻煩的地方不在於把我所有時間都花在這樣愚蠢又極其乏味的事情上,而是我把自己放進一個框架,在這個框架裡,我得進行一些精密的邏輯或語言區別,還得表現得好像很重要,彷彿我正在提升人類的知識。

學術界是很舒適的領域,我原以為可以讓自己成為一個更有遠見的人。也許我真的不能怪體制。但如果我不怪這個體制,那我就得面對自己——對了,康德會稱之為值得讚揚的行為,因為對他來說,重要的是我們讚揚那些我們發現很難做到的事。看吧,我寫康德就可以寫一整天……

我不知道問題出在哪裡:是體制的問題嗎,還是我不相信哲學本身,還是缺乏對思考真正的興趣,還是缺乏自信的問題,還是缺乏必要的自大,還是因為害怕不自量力,問題到底是什麼?我真的可以再這樣繼續撐20、30年嗎?這感覺教人完全無法忍受。

目前的職業和工作方式面臨無數的挑戰。多數人其實並沒有太多思考的空間。有些職業看起來好像需要動腦,但日復一日,它們可能會變得相當乏味。也許你發現自己身處於自己覺得演化生物學中非常有趣的領域,致力於增進適者生存的概念。但你每天實際上在做什麼?將培養檢體從一個受控環境移到另一個受控環境,並進行測量。這

是這學科的天性,但它能引發對意義的心理體驗嗎?

遺傳漂變是一種演化機制。其為人類存在的一個重要層面,也是一個有趣的研究主題。但同樣重要且有趣的是,如果你發現自己在研究遺傳漂變這個領域的某個主題,比如研究一些類似於邦蒂號船員及其皮特肯島經歷的群體(按:1789年,邦蒂號船員叛變船長,船員及其後代居住在皮特肯島上),觀察你選擇的群體是否也表現出此情況下預期會有的遺傳多樣性下降,你可能會發現自己感到很無聊。這個概念很強大,這個主題很有趣,你的研究也合乎邏輯——但可能無聊到打哈欠。

你在成長過程中關注工作和職業的世界時,能知道這一點嗎?你怎麼辦得到?你可能會盡力迴避那些不太需要思考或根本不用思考的工作。除非是經濟狀況嚴峻,或需要有用來支持創意產業的正職工作,聰明人不太可能願意當服務生、填寫表格、在生產線上工作或賣鞋。並非貶低這些行業有損尊嚴;而是他會清楚知道,如果他必須花時間做這些不用思考的工作,他的生活將會變得毫無意義。但是,就跟你可能知道自己不想做什麼工作一樣,你又有多清楚自己**想**做什麼工作?

身為一個聰明人,你可能會在成長過程中考慮從事許多傳統的聰明工作,或被旁人告知應該考慮這些職業。可能有人隨意向你提起你可能會喜歡在聖誕節時收到顯微鏡,而你可能會在科學領域找一份工作,無論你是否真的覺得科學研究有意義。你可能以短篇小說拿到優等,然後

身上可能永遠被貼上標籤,認為你應該寫作,即使你真正熱愛的是音樂和烹飪。我們已經討論過,在你成長過程中,你可能因智力而遭遇哪些貶抑。最重要的是,社會機制和從童年到成年的自然人生發展,會迫使你選擇一些你無法真正具體想像的工作,也許比你原本預期的還更無趣和無意義。

現在把一些線索串起來。我們前三章的主題——聰明人如何理解意義很重要、聰明人的聰明才智經常受到貶抑、聰明人出生時會有先天性格,但卻與他所處的環境產生衝突——將彙整於以下分享。律師出身的演員傑克說道:

> 以我的狀況而言,我必須承認我幸運擁有非常有智慧的雙親。我的母親選擇當家庭主婦,而我父親是家中唯一的經濟支柱。我有四個年紀大我很多的哥哥(我想我是一個「意外懷上」的寶寶)。我的父母在我哥哥們小時候還很年輕,我相信很多事情他們都親力親為,這種關注也帶來了很高的期望。當我進入學齡期,我的父母要麼太累,無法照顧我,不然就是他們已經把期望放寬了。
>
> 因此,我的大哥帶回家的成績單只能是全優等,但當我帶我的成績單回家時,我父母會問我:「你對這個成績滿意嗎?」我會聳聳肩,他們就說:「好吧,只要你滿意就好。」奇怪的是,他們的反應並沒有讓我開心。事實上,反而讓我相當困惑和不確定,因為我知道我的成績跟我哥哥們的成績還差得遠,但我卻能因此去做想做的事,

也就是在學校時完成所有的功課，然後所有空閒時間都能去戶外玩樂或看電視。

我的哥哥們都被鼓勵在典型的學校樂隊中發展自己的音樂才能。但是等我到了可以演奏樂器的年齡，卻有人說我應該去學打鼓，因為我的哥哥們演奏銅管樂器。

但我似乎無法讓家人意識到我討厭鼓。我一點節奏感都沒有。所以，我忍受了多年折磨之後，他們才網開一面，允許我完全放棄音樂。

重點是，我從來不知道我其實可以選擇我的人生。我的哥哥們都唸大學。讓我以為大家都該唸大學。當我爸跟我說，如果我不想，就不必進入科學領域，我非常驚訝。之後我突然就從科學跳到藝術，但我不知道該拿我的人生怎麼辦。後來我的兩位哥哥從法學院畢業並成為律師。我家人開始認定我當然會跟隨他們的腳步。我參加了法學院入學考試（LSAT），但成績跟我哥哥相差甚遠。因此，即使我如預期申請了法學院，但我相當肯定我不會被錄取。

當我開始考慮我有哪些選擇時，我終於承認我對表演非常著迷。我其實也對寫作感興趣，但我爸爸無意中做出的一些選擇性評論消滅了我的寫作信心。但是表演的話……是我非常熱愛的事，甚至顯得有些天賦。我提出申請，並獲得大學的表演藝術學士課程錄取。一個月後，我申請的法學院招生秘書打電話來，說我被錄取了。

當然，我想到我爸爸和哥哥們會多麼高興（我媽媽

此時已去世），最後選擇退出戲劇課程，進入法學院就讀。我成功畢業並拿到法律學位，但後來被我哥哥們說服進入下個階段，也就是參加律師資格考試。「一旦你成為一名律師，永遠無法有人剝奪你的身分」，他們說。我爸爸強調，至少這樣我會有所依靠。但當我完成培訓、通過律師考試並成為律師後，我還是覺得我應該選擇一條不一樣的路。

我全副武裝準備再次參加表演課程的徵選，但後來我一位律師哥哥幫我安排了一場相親。我相當魯莽地迷上了我的約會對象，然後被我的新女友說服，她不願意等我成為演員。她重視物質生活，而我必須滿足她的需求。我放棄了夢想，接受了律師的人生。

雖然我心不在此，但還是不得不說，我是一名還不錯的律師。我找了個說法，選擇在小型律師事務所工作，而不是在我哥哥任職的大型富裕律師事務所。我甚至成立了自己的律師事務所。同時，我的內心開始枯竭。情況糟糕到我自知我只有力氣再活幾個月了，然後我發現我有骨氣，我其實可以**選擇**我想要的生活。我離婚，結束我的律師事務所，並走上成為職業演員的路。

我是否覺得我沒有符合期望，或者我（勉強）符合期望，或者我其實超出期望？坦白說，我不在乎。我覺得我身處對的地方，做我喜歡的事。我的律師哥哥們一個計費小時的收入，跟我一個月的月薪一樣多。我也失去了房子，因為我關閉事務所而被罰巨額罰款，現在我住在一間

聰明職業變成了矛盾修辭　037

補貼公寓裡勉強過活。但如果我依然是日進斗金的律師，我可能十年前就死了。此時此刻，我想我不需要向任何人證明任何事。

　　聰明人在尋找有意義的工作時、在枯燥、例行公事的工作中努力生存時、在努力避免一生困在職業的小角落時、在薪水與興趣之間選擇時、以及在調整自己的聰明才智以適應社會結構的輪廓時，他們所面臨的挑戰就值得寫一本書。你可能會是其中一位得到完美配對的幸運者。但更有可能的是，你會發現自己是大多數聰明人的其中一員，始終認為工作的世界是個問題。

本章提問

1. 你曾覺得工作有意義嗎？如果有，你認為工作要激發出對意義的心理體驗，必要條件是什麼？

2. 你認為有什麼工作是有意義的？

3. 既然許多工作是是為了意義而效勞，例如為個好理由而舔信封，但工作本身並沒有意義，那麼你打算如何面對為了意義而效勞的乏味工作呢？

4. 哪些新工作可能會構成意義機會？

5. 有哪些你童年的嗜好可能會轉化為當前有意義的工作？

3
先天性格、後天性格與可得性格
Original, Formed, and Available Personalities

　　我們一出生就有先天性格，這沒什麼好意外的；令人意外的是，除了非常有限地探究心理學中稱為氣質（temperament）的那些表徵之外（對了，這些探究對心理學助人的方面幾乎沒用），所有心理學都避免思考先天性格。心理學並不認為人類具有先天性格，心理學家診斷和治療個案或病人時，也不會考量這件事。如果你要在眼前這個人身上貼上**臨床憂鬱症**的標籤，那麼這個人是否一出生就這麼哀傷，難道不重要嗎？當然很重要。

　　想像有一窩小貓；其中一隻的好奇心比隔壁的小貓還強；一隻的攻擊性比隔壁的小貓還高；一隻負責帶頭，另一隻只會跟著牠。第一隻貓並不是有潛力變得好奇；**牠本來**就很好奇；第二隻貓不是有潛力變得具攻擊性；**牠本來**就有攻擊性；第三和第四隻貓不是有潛力變得具領導特質和只會跟隨；牠們天生就是這樣。同樣，嬰兒也不是有有潛力變得聰明；他是一出生就很聰明。確實，他還不具備語言能力；確實，他的環境會使他變得愚鈍；也的確，他寫不出《戰爭與和平》，也不會解二次方程式。但他一出生就有特定的性

格,並且已經以特定的心態和方式看待人生。

聰明人從一出生就很聰明。

之後環境才會影響人。孩子以先天性格看待世界,以先天性格與周遭世界互動,並受世界影響,改變他的發展藍圖,才產生了後天性格(formed personality)。他有或沒有形成安全依附(secure attachments),他的世界更安全或更危險,他的選擇有一大堆或很少等等。打個簡單的比喻,我們那隻好奇的小貓如果生長在一個充滿愛的家庭,就會變成一隻溫柔的貓,但如果被丟到外面的世界,就會變得很野。她的好奇心在充滿愛的家中會是一種表現,但如果她必須在後巷自力更生,她的好奇心又會是另一種表現。在其中一個環境中,好奇心會讓她逗人笑;但在另一種情況下,好奇心則有助於她殺戮。

簡而言之,一個人的先天性格會經由生活環境影響而變成他的後天性格。這種複雜的改變可能會將人塑造得更弱化或強化、更聰明或不那麼聰明、一個開朗或防禦心比較強等等。你的後天性格可能會多過先天性格,也可能比較少,或者某些方面多一點,另一些方面少一點。也許你天生自私(對於具有「自私的基因」的生物,這並不少見),但你卻習得了慷慨;或也許你的自私演變成日常的自戀。這兩種改變都有可能,雖然對大多數人而言,這法則的傾向是後天性格會不如先天性格,因為人生很難,往往無法表現出我們最棒的一面。

但與此同時,我們仍有一些不受拘束的性格可用。我

先天性格、後天性格與可得性格　041

們生來就具有先天性格,透過人生經歷演變成為我們的後天性格,另外還保留了可得性格——這種程度的覺察能使我們能做出改變,看出真正的後天性格,推測我們的先天性格,以及最重要的是,設立一個創造意義的儀式。有了可得性格,我們才可以說:「我不受我的成長過程役使,我可以透過努力讓自己引以為傲。」

你可能生來憂鬱,生活可能會讓你變得更哀傷;但是有了可得性格,你就能應付眼前的現實。

你可能天生就比較焦慮,生活可能會讓你更焦慮;有了可得性格,你就能應付眼前的現實。

你可能天生就很聰明,卻被迫從事愚蠢的工作;有了可得性格,你才能應付現實生活。

你的防禦心愈強,可得性格就愈少。你愈上癮,你的可得性格就愈少。你愈少為自己考慮,你的可得性格就愈少。你的大腦引擎愈是自行高速運轉,你的可得性格就愈少。你愈是屈服於一些誘惑——我們稍後會檢視四種誘惑:語言、邏輯、幻想和神祕主義的誘惑——你的可得性格就愈少。你愈常遭愚弄或統治,你的可得性格就愈少。

簡而言之,我們所擁有的可得性格可能遠少於我們希望自己所擁有的——我們可能知道這件事,並因此而感到痛苦。

瑪可欣以下的分享就巧妙地將這些主題串在一起。瑪可欣說道:

我從事動物救援多年。目前，我家閣樓有一隻野貓和她的三隻小貓。我過了將近三個月的時間才得以去看這些小貓，因為她教這些小貓，看到人類和聽到人類的聲音很危險。我知道我只能利用牠們的可得性格，但在短短幾個月內，這種性格也已經非常固定和變少了。我相信如果我能在牠們出生後的幾天內就開始照顧牠們，並在最初幾週與牠們一起玩耍，牠們就會向我展現先天性格。但事實上，牠們母親在塑造牠們性格的方面做出自認非常出色的成果；而她自己的技能也有限。所以，我每天就只是出現在牠們面前，跟牠們的可得之處打交道，先天和後天性格並不重要。我接受牠們現在的樣子。這樣的純粹有一種美感，而且是真正尊重這些貓。

　　但對我來說，這一切其實很不一樣。如果是要處理有行為問題的救援動物，我可以接受牠們可得之處僅有這麼多。這是最明智的做法，因為想到牠們失去的純真或牠們可能的經歷，我就悲從中來，而我不需因此身心俱疲。但如果我想到我自己，或想到朋友或家人，我就無法同樣保持中立。我為失去的性格哀悼。我承受不住他們失去了多少性格，或僅剩下多少性格可得的這種概念。我看得到那種減少，也感受得到。

　　為什麼我失去了說：「嘿，現在的可得之處就這些嗎？」的好處和單純？為什麼當我開始思考我過去的經歷

或人生應該是什麼樣子時，我會感到麻木？可得性格的概念套用在救援動物時，感覺很有用、簡單又有好處，但是當我套用到自己身上時，卻感覺像坐牢一樣。我相信我不是唯一有這種感覺的人。我們確實只剩下這麼多可得性格，但我並不太信服這個事實。

一個孩子出生了；他成了知名人物。選一個情境好了，假設他是一個出生在中產階級家庭的聰明男孩，被要求要有好成績，而且遵循一種世界觀，包括演奏樂器、參加體育運動、欣賞大自然、唸大學並獲得良好的教育。

父母只會嘴巴上說會思考是好事，但自己卻很少思考，也不是真正希望兒子會思考。他們只會嘴巴上說家人應該要彼此相愛，但其實不怎麼愛，也不是非常溫暖或友善。他們同樣只在口頭上稱頌自由，但卻明確告訴他們的兒子：他沒有成績普通的自由，沒有質疑他們核心信仰的自由，也沒有真正做自己的自由。

當然，他對這一切感到困惑。在這種環境下，他變得比先天性格更憂鬱，因為他必須在不感興趣又讓自己極為焦慮的鋼琴演奏會上表演而傷心，為必須認真看待無聊的課程而難過，為父母無法愛他或花心思陪他而哀傷，為他在學校學到人是怎麼對待他人而難過，最讓他哀傷的，是他無法理解這樣的人生 —— 這種大家習以為常的生活方式，卻讓他感到突兀、矛盾、空虛且毫無意義。

有人發現他在鋼琴演奏會上的焦慮，要他服用抗焦慮藥物。有人也發現他在課堂上的焦躁不安，要他服用抗過動症（ADHD）藥物。有人發現他很憂鬱，要他服用抗憂鬱藥物。現在，他覺得人生不該是這樣，伴隨著這樣的念頭，他得到三個精神障礙的標籤和三組藥物，他成了永久的病人，並產生各式各樣的副作用。他的所有家人似乎都認為他有三種精神障礙很正常──當然，他們也都有各自的毛病。

　　接著他進入青春期。第一世界國家的社會沒有好好利用他們的青少年，然後青少年又被學校的空虛所扼殺。無論他們有多少網球課、春假、露營旅行或課外活動（包括性、毒品和搖滾樂），都無法填補因對他們毫無要求而產生的空洞。面對造成科倫拜校園槍擊事件的混亂、厭食症、青少年自殺、疏忽的性行為、電動成癮、社群媒體狂熱、品牌迷思和深層的悲傷等混亂的氾濫問題，我們只有兩種方式可以解決這問題──社會對青少年提出一些要求，或青少年自我要求。但社會對這個年輕人沒有什麼要求，只會叫他做該做的事，並為讀大學做好準備。

　　同時，他開始意識到自己可能喜歡什麼樣的工作，不想做什麼工作。他的父母──他們自己也有煩惱、會焦慮，有自己的意見和打算──灌輸他們觀點，並試圖影響他的決定。既然他看起來喜歡生物學，為什麼不去當醫生呢？他聳聳肩，不想思考未來；他真正想做的是聽音樂、看電影、跟朋友在一起、交個女朋友。

接著上大學了，他必須表現得好像他在決定自己的未來。課業對他來說沒有意義，他很難不沉浸在憂鬱中。他設法撐到畢業，他在夏天時到一家大公司實習打工，很奇怪又不可避免地讓他在企業界找到了全職的基層工作。他二十歲出頭時就在典型的迷霧中度過，充滿暢飲時段、出軌和熱戀、辦公室政治和永無止境的哀傷。

　　到他25歲左右，他很幸運。那時，他經歷了環境挑戰和自己不光彩的過去之後，接觸到我前面提過的那種人生哲學，這種哲學提醒了他，他現在的處境完全是意料中的事。現在他需要做出一個重要的選擇：要不要利用他的可得性格減輕他的痛苦，並開始創造意義。

　　他開始理解這種說法——也就是我們所說的先天性格、後天性格和可得性格；我們所說的賦予意義和意義機會；我們所說的環境挑戰所帶來不幸但完全正常（而不是異常或雜亂）的後果，以及我們所說的緩解痛苦而非精神障礙的診斷和治療——有助於他思考，如果他不想那麼沮喪，想走回正軌，現在該怎麼做。

　　他做好準備來面對這一切。但問題是他仍必須做毫無意義的工作。願意接受創造意義的挑戰是一回事，但這跟工作的世界到底有什麼關係？一個早就出現，跟著他從高中進入大學再進入青年時期，變得愈來愈急迫的嚴重挑戰，就是他必須選擇一個職業。年輕人哪知道工作和職業的存在並不是為了滿足他的意義需求，而且無論他做出什麼選擇，都不太可能真的滿意？現在他開始明白這一點了。

他面臨著減少憂鬱的挑戰，面臨著應付自己感覺一下膨脹一下洩氣的挑戰，面臨要真實展現自身聰明的挑戰，而且即使他對人生有了新的見解，但在許多方面依然感到痛苦，他仍得支付房租和購買日用品。不管他多麼樂意，他都無法暫時擱置工作。他被迫盡量克服我們接下來要探討的無聊、狡猾、持續的挑戰：工作的世界。

本章提問

1. 你是否覺得你能憑直覺察覺你的先天性格?如果是的話,大致上是什麼樣子?你覺得你應該要成為什麼樣的人?

2. 你的後天性格的主要特徵是什麼?

3. 其中有哪些是優點,哪些比較像是累贅?

4. 如果你想提升你的性格,請說明你想提升的特質。

5. 你覺得你的先天性格、後天性格和可得性格之間是什麼樣的關係?

4
我們的實驗模型
Our Experimental Model

　　人類是自然的產物，自然既不追求完美，也不可能追求完美。**完美**這個詞在演化的脈絡下是沒有意義的。自然只會試驗——也只能這樣而已。自然會讓生命演化，這種方式很愉快、以過程為導向，產生的不是完美，而是無止盡的多樣性。自然會試驗這隻蒼蠅和那隻蒼蠅、這種病毒和那種病毒。有些會活下來，有些則消失，每種生物都以自己的方式存亡，牠不過就是大自然又一項實驗罷了。

　　我們不是精心設計的產品。

　　自然創造出像我們這樣的生物，給我們一個龐大、充滿實驗性的大腦，並嘗試思考。像這樣可以幫助或困擾生物的能力多麼迷人！由於自然的目標不是創造出完美，而是創造出特定脈絡下的功能性，因此你當然會預期像思考這麼巨大、不受控制又有缺陷的能力，將會帶來一堆深遠的影響和挑戰。我們確實看到如此——多少也證明了我們不是精心設計的產品，而是逐步演化而來。

　　如果你假設你是精心設計創造的產品，而且造得很好，那麼就跟任何出色的機器一樣，你身上的每個零件都會有明確的設計目的，而且功能傑出。相較之下，假如你相信

你屬於演化而來的物種，是自然的力量創造了你，而非設計師之手，那你就更沒有理由樂觀看待大腦的卓越功能。這不過就是自然界數十億實驗中的其中一項實驗罷了——又有多少實驗真的發展順利？

如我們人類這樣複雜的實驗，必定會產生無數意料之外的結果，以及功能性缺陷。要發展一支湯匙是一回事——你可能會做得很好，甚至可能第一次嘗試就成功。但要發展出可以把水果打成冰沙，也可以揉出麵團的攪拌機或調理機，又是另外一回事。實驗自然會產出許多厲害的湯匙，也會製造出許多攪拌力差的攪拌機以及調理機。也許馬達的力道強到足以攪拌，但卻無法揉麵團；也許麵包鉤的形狀不對，無法製作麵團等等。

對人類的實驗也一樣。我們適當演化的拇指也許運作得很好，就像任何厲害的湯匙一樣，但是我們的大腦呢？儘管它很華麗又複雜，但可以順利運作嗎？我們擁有目前所擁有的智商和大腦形式，涵蓋一系列能力及分布於各個層次的性格。對每個人而言，他或她的實驗性大腦在某些情況和某些用途之下可能運作得很好，但套用在其他情況和用途時則不太好。這正是我們所看到的。

因為這可能是大自然迄今嘗試過最複雜實驗中的最複雜部分，所以我們的大腦自然會產生許多工藝般的產物和不經意的結果。例如，它可能會形成從事特定智力工作的渴望，但實際上卻無力從事。也就是說，可能會產生聰明間距（smart gap）。大腦可能為了舒適和生存，將對世界

的理解簡化成與複雜的現實不符的口號。大腦可能會失控，或發現自己受到一些不重要但又揮之不去的擔憂所束縛。

也許下一個模型會更好。

但也許沒有任何模型有辦法有效完成大腦本該完成的事。一旦你讓大腦思考，並允許它試著預測未來及其在宇宙中的位置，一旦你賦予它意義需求、認同需求、關係需求和自我需求──也就是說，一旦你把它放在可能於存在事實中站不住腳的關係中，有哪種有機物質真的能滿足如此難以置信的要求呢？我們的大腦不僅是一個實驗模型。它也被賦予了不可能的任務。舉個例子，預測未來是其必要的功能，但目前想像得到的最佳模型，依然無法應付這種不可能的挑戰。

我們腦中已牢牢記住，人類這物種既是最終的模型，也能勝任其任務。兩者都不一定正確或符合邏輯，而我們親眼所見的證據則恰恰相反。當然，我們已經等不及下一個模型了；我們也無法改變我們在許多方面的的任務。但我們可以用更寬容的角度看待我們人類，將我們視為塑造得不夠好，承接挑戰但無法處理的物種；我們也可以更嚴厲地看待，要求人類看到自己的缺陷，並竭盡所能地克服這些缺陷。

我們做得到嗎？我們能否承受更嚴厲的看待角度，並且表現得更好？當我們的實驗性大腦試圖區分真正的慾望和心理渴望，或擔憂和過度擔憂時，我們應該期望它有多好的表現？如果給它學習的機會，也許我們可以期望它掌

握基本的識字能力，但我們是否應該期望它能看透想用來宣傳戰爭的精巧廣告？為什麼我們假設我們的大腦可以展望未來，並選擇一個它真正熱愛並享受數十年的工作——或，也許更心酸的是，甚至知道接下來 15 分鐘該做什麼？在處理這些事情時，大腦能做到什麼程度？

我們理所當然認為我們的大腦足以應付生活中的挑戰。但一方面，挑戰可能太困難，另一方面，我們的大腦可能尚未充分演化。就目前而言，自然創造了一個大腦，認為自己可以執行幾乎不可能的任務。我們已經演化出這樣的能力，用大腦無法處理的問題和挑戰來折磨我們的大腦，然後當我們看到像躁狂（mania）和失眠這樣的現象時，又感到驚訝，我們將很快研究這兩個例子。

我們希望下一個模型有什麼功能？

也許我們變成內建停止開關？那將會很有用。

也許大腦的整體容量更大？那可能也很好。

也許在壓力之下的思考能力最強——跟現在的現實相反，也就是說與現實完全相反的情況？這在考試時肯定很有幫助。

也許智商不再是多樣廣泛，所以我們可能都有一樣的智商，以同樣的方式思考？

扮演想像的演化未來學家並沒有什麼不好。但如果我們真的有這樣的任務，我們就必須提問並嘗試解答一些非常棘手的問題。首先是：我們心中有什麼目標？我們是否在思考有什麼可以改善某人的生活（無論所謂的**改善**是什

麼意思），或者我們是否在思考什麼東西最有可能確保人類能夠存活？例如，世界性的暴政可能會保證人類這物種永遠不會因核戰而消滅，因為所有武器都將掌握在一個暴君手中。因此，你的自由可能受限，活在巨大的恐懼之下，但在演化角度下，這也是非常強大、充滿活力的物種。物種整體可能很滿意，即使其中的成員都不快樂。

我們如何規劃或預測淨收益？任何變化都有可能對一個物種產生正面和負面的影響。當法國南部的蚊蟲氾濫，導致法國政府發起大規模噴灑殺蟲劑的運動，蚊子數量急劇減少，直到那些對殺蟲劑產生抗藥性的蚊子有機會增生。但這些具有抗藥性的蚊子原本比它們的祖先更容易成為蜘蛛的獵物。它們對殺蟲劑的抵抗力更強，而且不太擅長躲蜘蛛。這就是自然規律，誰能預測得到這樣的事呢？

所以，我們必須同情我們想像中的演化未來學家的工作。但我們的工作更簡單。就是在自然的背景下觀察這個確切的大腦，並理解它並不是最好的產物，而只是一個演化的不完美裝置。它沒有配備一個可以讓它每晚睡個好覺的停止開關；它無法解決超出能力的數學問題；它沒有能力預言並確切地知道這種熱愛會持續下去，或者這種熱情將會是一個意義機會，即使當你身在祭壇或工作上，腦子應該說出並表示這種話語的時刻，它也是如此。

我們必須明白，我們是演化而來，而不是精心設計的產品。有了這種理解，我們就能鬆一口氣，因為我們突然意識到我們必然會表現出不足，並且我們會經常讓自己感

到沮喪和失望。它也帶來了一個同樣巨大的警告信號，因為我們意識到，我們和與我們同物種的其他人都沒有足夠能力來應對個人、社群或整個物種的挑戰。

這個警告是雙重的。我們提醒自己，我們必須警惕這個實驗性大腦將面臨的許多挑戰。我們也提醒自己，我們的同胞不是我們希望對方成為的人，而是他們自身，我們將受到他們大腦的挑戰。舉一個在人類的歷史中不斷重複的例子——而且這種情況將繼續重複，直到我們成為不同的生物——我們將不得不面對那些已經成為獨裁領導者或追隨獨裁者的同胞。

狄奧多·阿多諾（Theodor Adorno），出生於德國的社會學家，會與「威權型人格」（authoritarian personality）這個詞聯想在一起；埃爾瑟·法蘭克波斯基（Else Frenkel-Brunswik），精神分析學家與德國移民；加州大學柏克萊分校的社會心理學家丹尼爾·萊文森（Daniel Levinson）和內維特·桑福德（Nevitt Sanford）在 20 世紀 50 年代初期提倡威權型人格的研究。他們以佛洛伊德的心理模型為出發點，主張某種懲罰性、僵化、傳統的教養方式，會造就一個孩子在成年之後被迫用懲罰性、僵化的超我（superego）來控制他翻騰的本我（id）。他們主張，源自這種特殊而精確活力的某些特質，會融合成威權型人格。

他們推論，威權性人格由九種特性或心理傾向組成，包括反智主義、憤世嫉俗的破壞性、迷信，以及對性行為的過度擔憂。無論他們的模型是否準確，除非你閉上眼睛，

否則你不可能忽視這現象。我們可能並非真正理解**獨裁領導者**和**獨裁追隨者**為何會出現,但我們有義務不要表現得好像他們不存在。他們也是這個實驗模型的成果,也是**讓我們的**大腦背負重擔的原因,因為我們試圖理解,在許多人試圖愚弄我們、在床上統治我們、限制我們自由的世界中,我們要如何揣測活著的方式。

我們是這樣的生物,不僅需要在冬天囤積柴火和食物,還必須預測遙遠的未來,決定是誰或什麼創造了宇宙,以及我們應該遵循什麼樣的原則和道路,處理什麼問題,和我們這種困難又危險的生物同類打交道,並以其他方式理解那些會使任何生物負擔過重的事情。我們很容易看出這種情況可能如何演變成如此——然後被困在這裡。這其實是一個非常可怕的困境:想像一下,一台機器,它在工作中太辛苦地運作,逐漸磨損自己,並且沒有停止開關,永遠不會離開生產線。

如果我們是透過思考編織出我們對世界的想像,對自己說出我們的需要和渴望,並嘗試解決我們的個人問題,那麼接著我們就會轉向我們的大腦和它所做的事,也就是思考,以迎接這一切與其他所有迫切的生活挑戰。我們要求它回答一切問題,從我們該買哪一輛車,到目前的生活是否值得。我們要求它解決問題、振奮我們的精神,並理解我們的人生目標。這自然會對大腦造成負擔和壓力,因為它只是實驗性模型,就像自然界中的萬事萬物一樣,沒有水晶球般的預測能力。

每年就醫的人之中，因壓力而求診的人數最多。然而我們還不夠充分理解，問題不僅在於我們承受什麼壓力，還在於我們生來因應壓力的能力有多差。我們讓我們的實驗性大腦加班，只為了決定下一季哪一個產品線會賣、思考兒子只是喝了很多酒還是已經變成酗酒、腦中一閃而逝的感覺意味著宇宙有其目的或是藥物其實發揮藥效、我們應該從哪裡開始治癒內心的創傷，讓生活變得有價值⋯⋯這所有的一切。

由於我們不知道自己還能做什麼，只好讓大腦高速運轉，無論它是否有良好的煞車、它是否適合任務，以及任務是否合理。我們愈聰明，就愈有可能以這些方式利用我們的大腦，我們愈有可能產生更痛苦的壓力。如果你可以想像一名壯漢想去瓷器店裡買一套供八人使用的精美晚餐餐具有多困難，你應該也可以想像，當人們要用這精密的大腦，或任何會產生自覺和意識的其他大腦來解決他的問題，也會有同樣困難。

聰明人感受到的痛苦，有部分是來自某種深刻的誤解，但這種誤解可以立即糾正。你的大腦並沒有被設計成能在任何情況下在各方面正常運作。它的設計初衷並不是為了能夠勝任其任務，也不是為了神奇地擁有預測未來的能力。如果你理解這一點並接受，你能減少多少的罪惡感和不安感啊！

一個聰明人應該聰明到能看清楚本身的限制。同時他應該捲起袖子，盡其所能地解決這個特定大腦模型的特殊

性和缺陷。當然,推測我們可能擁有怎樣的大腦、或有一天可能怎樣是很有意思的,但現在我們這物種就是只擁有這樣的大腦。接受這件事吧,並盡可能明智地與結果相處。

本章提問

1. 有鑑於我們沒有配備運作/停止開關,當你的大腦高速運轉時,你會想怎麼做?

2. 有鑑於我們的早期預警系統校正不良,會產生許多不必要的焦慮,甚至認為思考很危險,當思考讓你焦慮時,你會想怎麼做?

3. 如果你想像自己是演化而來,而非精心設計的產物,這對你所屬物種的特有優勢和劣勢意味著什麼?

4. 你認為高於平均水準的智商視為對如你這樣的生物有多大的威脅,以及有多大的好處?

5. 只是出於趣味,請描述人類這物種的升級或更新版

5
躁狂的邏輯
The Logic of Mania

我們人類這物種,這特殊的實驗模型,擁有的大腦具有特定的能力和傾向。關於大腦各個面向或性質的隱喻多到數不盡,有些將大腦形容為蜘蛛網(精密、輕巧又高敏感),有些將大腦稱為透鏡(可以把能量放大和強化至很強的程度),把大腦比喻為檯燈,也把大腦比喻為地圖,有些說大腦是食譜,有些說大腦是工具箱,當然還有稱大腦是電腦、計算機等等。

針對本章要討論的主題,接下來我會先把大腦的某些面向、能力和傾向視為高性能引擎。這是一台少見又獨特的引擎,我們可以提高其轉速,但它也會因自身原因而自行永續提高轉速。我們可以在計算東西後使其高速運轉(racing),讓它算數學或平衡我們的支票簿。但它也能讓自己高速運轉,創造出美夢或惡夢、強迫性思考或躁狂。在這方面,它也像一匹非常緊張的野馬,如果我們技術純熟且小心的話可以騎乘,但它也會自行奔馳。

這台高性能引擎或這匹非常緊張的野馬到底有什麼特點,可以讓聰明人如此痛苦?其一是一種神秘又可能有危險的狀態,稱為躁狂(mania)。任何人都可能陷入躁

狂──引發的原因可能有街頭毒品，還包括其他原因，比如說某人高速運轉又需要關懷的大腦所具備的動能。但在本章中，我們會聚焦於一個人依賴大腦活動解決她的問題（包括她的存在問題）時會如何造成躁狂，以及這種依賴影響聰明人的特殊方式。

想很多的人比想不多的人更容易陷入躁狂。毫無疑問，聰明、有創意、有想法的人，更常受躁狂所困。研究顯示，取得高分或在考試中獲得高分，與罹患雙極性情感疾患（bipolar disorder，即所謂週期性出現鬱症和躁症的疾病）有明顯關連，且其他類似的心理成就測量也明顯連結到高速運轉的思維。

有大量證據支持這個論點，認為躁狂對聰明、有創意、有想法的人的影響特別嚴重。《英國精神醫學期刊》（British Journal of Psychiatry）刊載一篇囊括 70 萬成年人的研究顯示，以前成績全拿 A 的學生被診斷可能罹患雙極性情感疾患（或躁鬱症）的比例是成績較差學生的四倍。

在另一項研究中，在數學推理測驗中得分最高的人，罹患雙極性情感疾患的可能性高出 12 倍。類似的研究突顯了創意和躁狂之間的關連性，我們還有數百年名人軼事證據，支持聰明及有創意的人經常變得躁狂的論點。

不過，目前用來描述像躁鬱症和雙極性情感疾患的所謂精神障礙的命名系統薄弱又可疑。我曾針對這件事討論過，透過定義時使用的特定手段，隨意又全面地創造精神疾患，包括私自定義「精神障礙」一詞，這些討

論可見於《重新思考憂鬱症》（*Rethinking Depression*）、《心理健康的未來》（*The Future of Mental Health*），以及我為倫理國際出版批判性心理學與批判性精神病學（Ethics International Press Critical Psychology and Critical Psychiatry）編過的書中。現在，容我再次提醒，我們要小心使用或認真看待目前的精神疾患命名系統。事實上，我們應該完全避開。

目前的命名系統會導致奇怪和方向錯誤的假設，例如，「因為你有雙極性情感疾患，所以你很有創意」或「也許躁狂導致你的考試分數比較高」。事實是，一個人愈仰賴思考，且大腦的思考能力愈強，他／她就愈容易讓大腦高速運轉。如果你傾向思考，那麼在特定情況下，想法為什麼**不會**傾向於高速運轉？

例如，假如有什麼東西威脅到你或挑戰你，你的大腦怎麼**不會**高速運轉，努力因應該威脅或挑戰？

從這樣看來，所謂的躁狂只不過是特定強大的壓力、需求或衝動促使大腦快速運作。任何阻礙這種看似向前衝的事物——實際的障礙、他人的觀點，甚至公車延誤到站——都被視為極大的刺激。因此，易怒常常會連結到躁狂。這種易怒完全合理：如果你「必須」著手進行你高速運轉大腦提議的任何動作——把每面牆都漆成紅色、抓那首歌、解決那個定理——**那麼這一路上「必須」毫無阻礙**。

這個「必須」就是最重要的核心。這個「必須」就是踩下你大腦的油門，驅動其高速運轉的腳。現在，這裡出

躁狂的邏輯　061

現緊急情況，最常見的是有個人看起來一臉茫然，又因某種觀點而震驚、動彈不得，面臨存在主義式的緊急狀況。她必須擺脫那種可怕的感覺，帶著一種似笑非笑，近乎窒息的笑聲，她向大腦尋求協助。她感到害怕又痛苦，為了應付這個情況，她對自己的大腦喊道：「讓我離開這裡！」然後她的大腦開始運轉，想像出各種計畫、活動或渴望。

當大腦已傾向製造想法，又被強力的需求施壓時，從這角度來看，躁狂的所有特定症狀都極其合理——包括看似亢奮、性慾提升、警醒度（arousal level）偏高、精力充沛、冒汗、來回踱步、不睡覺，以及嚴重到思緒列車出軌時，還會出現幻覺、誇大妄想、多疑、具有攻擊性，以及狂野又自我挫敗的計劃和方案。這個思考機器已經為了解決所能想像最可怕的存在主義式渴望、匱乏或恐懼而高速運轉。接下來，一切長驅直入。

換個比喻，這匹野馬受到驚嚇，狂放又慌張地飛躍奔馳，即使是最堅固的柵欄也能衝破。

這種驅動力也許不僅限於痛苦；也許根本就跟痛苦無關。你也許正在鑽研一篇讓你感到興奮的小說或科學理論，迫不及待想繼續研讀。但即使是對正向和有意義的事物，進行令人興奮的追求，也會將你的思維從低檔位切換到高檔位，大幅加速你的大腦引擎，而現在你的引擎發出哀鳴且緊繃。一場危險的拉鋸正在上演：是你在控制引擎，還是引擎在控制你？

是的，你仍然坐在馬鞍上，手握韁繩，但這匹強大的

野馬隨時可能把你拋飛。

對於這樣的高速運轉,你可以做些什麼?有許多答案會關係到創造意義的藝術和實踐。不過,簡短的答案是增強自覺和看見自身本性的勇氣。這個人讓自己看見這種情況,並且告訴自己必須控制自身的思想和生活,並練習傳統上稱為「正念技巧」的技巧,這就是簡短的答案。

我們實際上談論的期望解決方案或可能的幫助,不僅僅是傳統的正念,即一個人學習如何更好地處理他或她的思想內容,而是用新的體悟面對思維的局限、思考組織時的壓力,以及實驗性大腦面臨巨大挑戰時一同到來的內在挑戰。我們將這種新體悟稱為**大腦體悟(brain awareness)**,以便區別一般所謂的正念(mindfulness)。一個人可用來處理由於擁有這個實驗性大腦而產生的問題的主要策略,就是大腦體悟。

如果某個人不做這項工作,或者在這個瞬間,因為她無法自力調節自身躁狂而無法做這項工作,那麼她的確可能被迫訴諸不幸的傳統方法解決,也就是精神病的化學製品。她可能需要仰賴某些據說可以治療躁狂的化學物質,藉由藥物的力量來為她完成這項工作(雖然只是有時需要,但總是需付出生理和情感上的代價)。

最後,具有大腦體悟的躁狂者,還是必須自己完成這項奇怪且看似不可能的任務,說(只要悄聲說):「我知道是我讓自己的大腦高速運轉,但高速運轉不是一個很好的答案;不,造成躁狂並非答案。」也許我們的下一個大腦模型

躁狂的邏輯

會配備停止開關,我們就能如願在需要時停止運作機器,但目前,我們唯一擁有的停止開關是聰明的內在對話。

以此考量眼前的狀況,我們完全能理解這場狂野的旅途發生的原因,並言之成理,我們要求這個人——若我們愛他則是請求他——檢視他腦袋高速運轉和覺得無法自在運轉的原因。這不是一場可以獲勝的比賽,有大腦體悟的躁狂者自己多少知道這個真相,而且這事實還會在大腦高速運轉的情況下更加悲傷,因為躁狂者知道他無法戰勝現有的困境。

的確,正是這樣的哀傷讓躁狂者會想儘速逃離,即使這麼做其實是在朝它奔去。這就像蘇菲派(Sufi tale)的故事,門徒逃離家鄉,因為他相信死亡要找上門了,結果他反而徑直衝往死神等待之處。那正是躁狂者也會進入的狀態——憂鬱症。

人類為了處理巨大任務(例如建構意義)而需大腦高速運轉,結果產生躁狂,這很合理。例如,如果一個有創意的人將創造視為意義機會,並且為了發揮創造力而要大腦被迫高速運轉,那麼她通常能夠調解這種躁狂。但有時這種壓力可能會壓垮她。她無法切下可以簡單停止的開關——使這種風險變得更加真實和危險。

然而,人們**確實**試圖切下停止開關。他們試著緊握雙拳保持冷靜。他們不是真的冷靜,但他們會竭盡所能表現平靜並保持冷靜——也許透過酒精,也許用正念,也許利用持續的活動。這就是為什麼我們看不到更多坦率的躁狂

者。世界各地的聰明人都費盡千辛萬苦**不要變得躁狂**，緊緊抓住自己高速運轉大腦的韁繩，就像抓住野馬的韁繩。

這很累人，有時人們辦不到，就像一個人就算可以抓住一匹野馬的韁繩，但堅持時間有限。到了一定的程度，這隻強大的動物會從牧馬人手中扯走韁繩。儘管如此，聰明人很大程度上都能夠保持冷靜，並避免全面的躁狂發作——但代價是耗費大量精力來維持他們盡力忍受的冷靜。

即使他們很堅強，他們還是會受那種躁狂所吸引。試想以下比喻。如果你住在城堡裡，掠奪者不時在你的王國裡咆哮，強盜在鄉間遊蕩，野生動物潛伏在灌木叢中，你知道自己在牆內比在牆外更安全。但是，假如你知道或懷疑外面某處正在舉辦迷幻派對、可以在河上狂飆、有前所未見的奇特景象，以及城堡中明顯缺少的、所有令人興奮和有意義的事物，你會怎麼做？

壓力必然會上升，你可能會開始為出走找藉口，看那鄉村多寧靜，強盜目擊事件和野生動物襲擊的報導多罕見，且那裡的景象和聲音有多麼奇妙。一切看來並不危險，你但卻能得到龐大的回報。當這個人站在城牆上，凝視著那片看起來如此寧靜的美麗景色，他遲早會患上「城堡熱」。他必定非常奮力地凝視，使他開始看到牆外的意義幻象。

聰明人往往沒有意識到，他們強制自身冷靜和輕微的躁狂，其實多是為了保護自己免於讓心思在躁狂中發飆，而不是為了他們肯認的生活形態選擇。他們異常平靜或忙得團團轉，並不是因為他們喜歡平靜或喜歡忙碌，而是因

為他們不想任由躁狂發作。他們的努力令人敬佩，盡力讓高速運轉的思維處於自己的控制之中，但代價是可能是選擇了不愉快的生活形態和巨大的能量消耗。

因此，大多數聰明人都會防止自己陷入全面的躁狂。他們反而採取別的作為：他們窮盡一切努力防範自己陷入瘋狂狀態，以至於極力保持平靜，過著強迫自己冷靜的生活，彷彿穿著精神病患的約束衣。許多聰明人都過著強迫自己冷靜的生活，以便幫助自己應付若放手就會進入躁狂的人生。他們直覺地知道自己的心思引擎有多麼危險和強大，出於安全考量，他們極度小心翼翼地生活。

你可能會想，一個人一生中至少需要經歷一次全面爆發的躁狂，才能明白他們不想再經歷一次。我們不會像要求士兵們觀看關於性病的警示影片，並教導他們如何避免罹患性病一樣，要求孩子在學校裡觀看關於躁狂的警示影片。他們周圍的人也沒有警告他們這些事。那麼，為什麼這種威脅既沒有人教導，也不會在日常對話中談論，也沒有親身經歷過，卻被認為非常危險呢？

可能的答案是，躁狂有多危險，來自於使他成為聰明人的原始天賦。他可能從一開始就被塑造成那些在街上那個自認為「瘋狂」的躁狂者，他會將貝多芬或拜倫的躁狂發作視為自己未來的插曲，因為腦中的音符渴望問世而將在鋼琴學生拋在一邊，或在英國各地與已婚婦女和年輕男孩發生性行為。不知何故，他知道體內有個東西——有一個他先天性格特徵之一的知識。

如果你生來就擁有一個可以高速運轉的大腦,那麼你也能合理假設你生來就知道讓大腦高速運轉有多危險。當然,也許有一些聰明人生來就**沒有**內建這種對躁狂危險性的理解,因此在保護自己免受躁狂襲擊方面的效果較差。或者他們可能真的樂意讓躁狂進入他們的生活。正如有人可以站在一千英尺高的懸崖邊往下看而不會感到眩暈,但一般人們可能認為天性應該會讓她後退,所以一個聰明人對於全面爆發躁狂的危險性可能沒有充分的認知。

　　因此,一個聰明人面臨了兩種截然不同但又相關的威脅,威脅之一是痛苦又讓人需盡力忍受的平靜,使人覺得像是自我打造的厭煩與牢獄審判。另一種威脅則是失控的躁狂,經歷這種躁狂很痛苦,尤其當她意識到放任躁狂發作並未改變她存在的事實時,可能會達到絕望的高峰。你要選被迫保持冷靜還是失控的躁狂?當然,兩者都不是正確答案,我們在最後幾章會說明有哪些方法有幫助,到時將提供更好的答案。

本章提問

1. 你曾經經歷過躁狂嗎?

2. 當時有哪些症狀?

3. 你是否覺得自己用假裝冷靜的方式來應付初期的躁狂?

4. 你能讓你的大腦高速運轉到什麼程度,但依然維持控制?

5. 你曾被躁狂吸引到什麼程度,以及害怕到什麼程度?

6
高速運轉大腦的特點
Features of a Racing Brain

　　根據普林斯頓全國健康與安適狀況調查（Princeton National Health and Wellness Survey），美國成年人有37％在最近12個月內表示自己失眠或有睡眠困難。60歲以上的人中有40～60％受失眠所苦。有兩百萬兒童深受睡眠障礙之苦；美國有超過一千萬人使用睡眠輔助藥物來治療失眠。55％的成年人表示他們一輩子都在面對失眠的問題。超過七千萬美國人患有各式各樣的睡眠障礙，其中60％表示有嚴重的睡眠障礙。

　　這是怎麼回事？

　　這正是我們上一章所討論的內容。

　　其實很大程度上，這只是一件單純又直觀的事：我們的實驗性大腦很難讓自己安靜，即使代價是一夜好眠。就算我們躺在床上，它仍不斷思考今天發生的事，還要擔心明天。它沒有停止開關，因此無法完全停止，而這種困境的表現之一就是失眠。

　　我們的大腦的工作是要保護我們、為我們所用、解決我們的問題，並讓生活有意義，而且無論我們是否想睡覺，它都會不斷做這份工作。我們的思考能力就是我們與其他

生物不同的特性，它的演化可能是為了保護我們並為我們所用，但也有一個意想不到的結果，這個結果不會威脅到我們人類，但卻困擾著每個聰明人，正是這種思考能力讓我們在試圖入睡時仍保持清醒，或是在我們入睡後強迫我們醒來。

每個人都會遇到這樣的問題，但對於大腦運轉速度高於平均的聰明人來說尤其如此。上一章及本章中涵蓋的每個大腦高速運轉相關問題，對聰明人的困擾比其他人更多，原因很簡單，因為她的大腦更強大。如果你踩下一輛馬力90車輛的油門，產生的速度和效果不會像踩賽車的油門一樣。聰明的人會運用她的大腦解決她的問題並保護自己，透過運用這個能力，她就啟動了一顆強大的引擎。

試想以下的比喻。如果你知道營火可以驅散附近的狼群，你就會學習如何讓營火燒一整夜，這樣你就可以在驅散狼群的同時睡個好覺。如果在睡夢中聽到狼群接近，或聽到營火劈啪作響的聲音怎麼辦？你會突然醒來，起身去確認營火是不是還在燒；如果火快要熄滅了，你會重添柴火；你會留意營火，因為你需要靠它活下去。這是很自然、明智又直接的反應。

那假如你面對的威脅不是狼群，而是有風險的投資、慢性病、酗酒的小孩、令人惱火的工作、艱難的選擇、傷腦筋的問題、感情不忠的伴侶、銀行帳戶沒錢、針對你所屬團體的法令、針對你的認同的威脅、自尊受到打擊或意義危機呢？你該怎麼辦？嗯，你的大腦會感到受到威脅，

並會以它唯一會的方式應付這種威脅：思考。大腦無法生火或開槍，因為當你試圖入睡時，它無法參與任何身體動作。你的大腦只能繼續運轉——也就是高速運轉。

我們的大腦會為了我們而擔憂、解決問題、計算、糾纏、焦躁和高速運轉。他會不分晝夜運轉；它毫不在意我們可能需要睡眠。奇怪的是，我們卻沒有意識到，我們仰賴思考以生存的需求已經高到自然而然導致失眠了。你的大腦會焦躁，它會想出計畫，不斷改版自己的不滿，而所有這些焦躁、思考和改版可能會讓你保持清醒，就像對外界的危險保持警覺擾亂露營者的睡眠。

我們的文化現在已經發展到我們的第一反應是把失眠視為一種**需要治療的疾病**，直接尋求醫生、睡眠診所、藥物、治療師、太空時代科技之類的幫助。我們先試著照照鏡子，看看你自己是什麼生物，像你這樣的生物經常遇到什麼樣的危險，以及你必須運用你的大腦來應付這些危險到什麼程度。

失眠顯然是很可怕的折磨，但並不奇怪。你可以料想到，一個大腦高速運轉的生物，就是會遇到這種折磨。如果你確實因為自己的大腦快速運作而保持清醒，那麼很明顯，假如你想睡個好覺，就必須學習如何減慢大腦運轉的速度。請將大腦體悟應用到這情境中——也就是說，理解自己是這樣的生物，並學習可以讓高速運轉的思維平靜下來的策略和技巧——是在大自然無法提供你停止開關的情況下，效果最接近的可行方法。

有些失眠案例有器質性（organic）、生物性和醫學性的原因，如果失眠的根本原因需要適當的治療，那麼你就得尋求適當的治療。但在尋求醫療前（無論失眠的確切原因是什麼，你都可能獲得藥物處方籤），合理的作法是先想想睡眠困難會不會是因為大腦高速運轉。大多數情況下，這會顯示你的問題的根源，並提示應該向哪個方向尋求緩解——即尋求某種方式的正念。

　　如正念等專門用來平靜心靈的技巧應該有助於緩解失眠，而且可能比藥物更有效。然而，在我們以藥物優先的文化中，這種爭論需要說法和證明。因此，辛西婭‧葛羅斯（Cynthia Gross）和她在明尼蘇達大學（University of Minnesota）的同事正在進行的研究顯示，經過八週的正念訓練後，學習正念的受試者比藥物組更快入睡，而且效益持久。

　　如果在你身處的荒野中沒有狼群徘徊，你會睡得更好；也就是說，如果你實際上沒有受到威脅，你會睡得更好。你覺得你在遭受轟炸期間會睡得比較好，還是戰爭結束後？你覺得你在金融危機期間會睡得比較好，還是危機過後？如果你的伴侶虐待你且威脅你，你覺得你在這種情況下會睡得比較好，還是他不再跟你同住之後？威脅很重要，它們貨真價實，它們很危險，而且讓我們思緒高速運轉。

　　正念技巧非常重要，但減少威脅也同樣重要。你可以每天早上冥想一個小時，但如果你丈夫回家時批評你又無視你，你的冥想練習可能不足以支撐你睡個好覺；你需要

的也許是離婚。如果你覺得你的專業毫無意義，那麼只靠冥想練習可能不夠。你也需要改變你的生活，讓自己不那麼受威脅、不那麼憂鬱、不那麼焦慮、不那麼憤怒、對生活的不安少一點、自責少一點等等。那你就會睡得更好。

我們演化的大腦應該可以處理困難的任務——不管是從涉入家庭秘密到專精微積分，從維持意義到抵消我們後天性格的缺陷——以及完全不可能的任務，例如僅憑熱情就預測一個自身毫無所知的專業是否合適。一個聰明人更有可能認為他的大腦能夠因應他所面臨的挑戰，即使是一看就知道不可能的挑戰。這是多麼讓你腦力高速運轉的設定啊！當它高速運轉，並意識到挑戰的嚴重性以及程度是僅靠思考無法解決時，它會怎麼樣？它會擔心。

它其實根本什麼都不會思考，而是開始擔心。

有鑑於我們的大腦面臨著困難且一看就知道不可能的任務，它卻認為它應該能夠處理，它沒有得到這樣的訊息：它是演化而成的，而非精心設計的產品，且它只是一個實驗模型，到了一定程度後，它會開始想得更少，擔心得更多。它會以各種方式展現擔憂，例如神靈祭祀、銀行擠兌和未完成的小說。它擔心的方式會是產生迷信、精神混亂和認知扭曲。它感受到世界的危險及自身的極限後，它會憂慮到像陀螺一樣團團轉。

它會擔心——然後喝一杯蘇格蘭威士忌，接著再一杯。

它會擔心，無法想像十噸重的鋼鐵如何飛行，因此拒

絕飛上空中。

它會擔心，害怕自己倒楣透頂又早已毀壞，陷入憂鬱之中。

它會擔心，確信自己對一切束手無策，花一整天時間整理襪子來控制環境。

當這樣的大腦試圖思考時，它的憂慮就會打斷它的思考，如同一匹野馬會停止奔跑，嗅聞空氣中的危險氣息。它試圖仔細思考自己目前的處境，但過一下子，擔憂就闖入了。結果，它的思考能力變差，這讓它再次相信自己的思考能力不足以應付挑戰。我們下一個版本的大腦有可能不要這麼擔心嗎？還是如果這樣會太容易發生危險呢？無論如何，這個模型的擔憂能力非常出色。

這種擔憂如何顯現在聰明人的生活中？以下是克勞蒂亞（Claudia）提出的眾多範例之一：

> 我的挑戰之一源自一個簡單的念頭：如果……怎麼辦？而我不斷糾結於這個念頭。幾十年前，一位治療師來我家探視我，因為我有懼曠症（agoraphobia）而無法出門找她，她跟我說，不要再無時無刻想著「如果……怎麼辦？」我甚至沒有意識到我這麼想！她一警告，要我停止之後，我才發現我一直這麼想。
>
> 我通常會這樣。假設我收到邀請要前往某個好玩的地方（不管是為了工作或娛樂），我不會直接回答「好」就去做別的事，而是陷入一連串的思考，例如：入口附近有

停車場嗎？我希望停車場在一樓。如果我改變主意，我能想出獨自前往的方法嗎？除了那條有動物會通過的路之外，還有其他路可走嗎？希望那裡有空調。

在網路大肆搜尋各種經驗文後，如果我同意赴約，我會有一段時間有自信自己可以成功前往。接著，隨著約定時間靠近，雖然我看起來像是身處現實世界，但實際上一半的我處在另一個地方，在那裡我腦中不停思考「如果……怎麼辦？」想像我的懼曠症限制會面臨的所有威脅，並擬定無數個方法拒絕赴約。

我沒跟任何人說過這件事；我直接把它內化了，基本上也把自己逼瘋了。唯一能讓我停止這些念頭的時候，就是當我迷失在一些非常有創意和解謎類的遊戲中時——但我也只會短暫地迷失。這種生活方式讓人筋疲力盡，也讓我無法生活，無法充分發揮我的潛能。我希望我不要一直卡在這個地方，但我卻無法讓我的大腦停止自我糾結。

像這樣可預測的拉扯，結果就是高速運轉的大腦為了尋求無法獲得的答案而開始攻擊自己——產生如無法停止的糾結、舒緩的強迫感、成癮和準成癮、恐懼症、魯莽的反恐懼症（如用跳傘來克服懼高症）、焦慮等結果——這令人痛苦，但這是自然反應，而非疾病或異常。身為一個聰明人，你的大腦比其他人運轉得更快、更賣力，你無法阻止你高速運轉的思考停止擔憂，並不代表你有病或你很

失敗。相反的，這意味著你是不完美的自然產物，而自然為你帶來一個特殊的挑戰，而這個挑戰可能顯然極難應付。

它可能需要你使用你不想用的救濟方法和介入措施。它可能需要你每天花時間運用現有的技術來減少自己的擔憂。在某些情況下，可能需要化學介入，不是因為生病了，而是因為化學物質的效果，而你可能非常想要這些藥效。它絕對需要的是你運用大腦體悟：你了解這個大腦模型能做什麼、不能做什麼，以及它失控時的特徵。

聰明人常採用一個不幸的解方，是選擇一種似乎有用，並簡化思考工作的僵化生活方式。事實上，他們讓自己的後天性格壓過可得性格。這種生活方式很自然，也符合生物經濟，但卻會使他們萎縮，阻止他們基於價值創造意義，因為創造意義的活動需要有日常的靈活性和日常的意圖。他們形成一種特定的形象 —— 鋼鐵般的檢察官、憤世嫉俗的記者、靈性的藝術家、忙碌的母親、終生的掠奪者 —— 並以死記硬背和重複的方式回應周遭，以確保自己不用為了真正活著而面臨困難的作業。

如果你身為檢察官使用大腦的方式不適合用在你坐下來跟兒子聊天或首次約會，那該怎麼辦？如果總是起訴已經成為你的第二天性，如果這就是你的大腦自動駕駛時的運作方式，如果你沒有意識到或不在乎這種習性讓你身邊的每個人都感到威脅和不舒服，那麼你很可能會發現自己沒有朋友、家人或愛人。當你沒有意識到 —— 或者不在乎 —— 你處理大腦這實驗模型的方式是將其鎖定在一個固

定檔位上時，那你就會付出如此高昂的代價。

聰明人可能似乎有些察覺這一切——且覺得這相當丟臉。他們一開始覺得自己的大腦很優秀；他們可能一開始就覺得自己很聰明。至少在最初的那些時刻，世界都在他們的掌控之中。接著他們體驗了人生，了解了人生，包括自己大腦的人生。但是從框架外看，它的裂縫、瑕疵和缺陷卻變得顯而易見。多麼哀傷又多麼丟臉。

斯拉維·紀傑克（Slavoj Zizek）在《如何閱讀拉岡》（*How to Read Lacan*）中提到：

> 佛洛伊德提出了人連續遭受三種羞辱的觀點，他稱之為三種「自戀性疾病」（narcissistic illnesses）。首先，哥白尼證明地球繞著太陽轉，因此剝奪了我們人類位於宇宙中心位置的觀點。接著，達爾文證實我們源自我們所不能掌握的演化，進而剝奪了我們在生物中的特權地位。最後，當佛洛伊德本人揭示了潛意識在心理過程中的主導地位時，很顯然我們的自我（ego）甚至無法主宰自身。一百年後的今天，更極致的景象浮現出來。最新的科學突破似乎又更進一步羞辱了人類的自戀形象。我們的頭腦本身只是一台用來處理資料的計算機器，我們的自由感和自主感只不過是使用者對這部機器的錯覺。

這是對我們當前狀況的精彩總結。這些進一步的羞辱並非源自於我們的大腦只是一台計算機器這件事實，而是因為即使它可能能力卓越又複雜，但我們就是現在這個樣子：目前的這個人類模型。我們不是過去可能成為的人，也沒變成想要成為的人。我們就是現在這個自己。但這個事實又導向一個更痛苦的羞辱，我稱之為「聰明間距」，那就是我們下一章的主題。

本章提問

1. 談到高速運轉的大腦，你會想到什麼相關挑戰？

2. 有鑑於人類無法停止高速運轉的大腦，當你不希望大腦高速運轉時，可以採取哪些策略和對策來阻止大腦高速運轉？

3. 如果你有失眠的困擾，並將其視為高速運轉大腦造成的問題，你可能會嘗試怎麼做，讓大腦靜下來或受控，使你可以睡得更安穩？

4. 如果你想解決的問題目前無法得到答案，而你的大腦為了尋找得不到的答案而開始高速運轉，你會怎麼做？

5. 你曾用過哪些策略來處理大腦高速運轉的問題，但沒有效果？哪些方法比較有效？

7
聰明間距
Smart Gap

　　人類有一個辛酸的特點,是我們可以思考我們無法完全做到的腦力工作。先暫時忘記與智商相關的所有困境,智商 160 的人並不比智商 120 的人優秀,她只是可以更快地進行抽象運算。然而她的能力又比智商 180 的人低,而那個人的能力又比智商 200 的人低。以上都很正常。

　　在我們樂於從事的工作當中,我們也很自然會經歷情感痛苦(emotional pain)──無論那工作是最高水準的物理學、最高水準的憲法、最高水準的心理小說,還是最高水準的生物學研究──當我們意識到,即使我們不是完全無法達到那水準,這難度**足以**讓我們懷疑我們能否繼續下去,這難度也**足以**讓我們覺得努力像是一種折磨。

　　在這樣的情況下,你不僅可能無法繼續進行你認為對自己最有意義的工作,而且你也會知道自己沒有前進,因為你的大腦就是需要**增加這麼多**的馬力才有辦法處理。有了這樣的認知,你可能會覺得人生是個騙局,埋怨你的成長過程剝奪了你某種程度的天生智力,並陷入強烈的悲傷和沮喪之中──這一切都是因為你所想或所需的能力,與你真正所擁有的能力之間有一段自然存在的間距。

心理學尚未研究這種情感痛苦:想要做特定的智力工作卻無能去做的痛苦。我們很容易同情小聯盟球員的痛苦,因為他**還不夠**好,無法進入大聯盟。事實上,關於這些球員的困境已經拍了很多出色的紀錄片。我們看了這樣的紀錄片就能明白了。

我們看過一些舞者因為缺乏某些身體天賦而無法達到顛峰的紀錄片。我們也看過關於鋼琴家、小提琴家、歌手的類似紀錄片,也就是說,關於各個領域的專業人士,我們可以**看到**這種自然的多樣性。但如果跟著五位數學家,我們會看到什麼?由於拍不到什麼東西,這問題難以擁有公眾的面相,也沒有什麼爆點能引發公眾討論。

部分原因是這些挑戰是無形的,我們往往不會思考或談論它。但對於受其所苦的人來說,這仍然是貨真價實的痛苦。美國精神就是要表現得彷彿每個問題都有答案,但我們要怎麼微笑面對這個問題?那個矮胖男子雖然偶爾能從中場漂亮地射籃,但他確實無法在塞爾提克隊打中鋒;那位音色普通的歌手確實無法競逐《托斯卡》的主角(按:Tosca,普契尼的歌劇)。有些事確實就是天賦。

對你想實現的抱負而言,你可能不夠快、不夠高、不夠漂亮……或不夠聰明。這個問題沒有好答案;但有一些策略可以減少這個問題所產生的情感痛苦,且儘管這類問題會產生意義危機,我們也可以採取一些策略來創造意義。我們等一下在後面就會討論這個問題。

生活中有各種慘痛的方式能體會到這種聰明間距。作

家珍妮特（Janet）說道：

> 創作小說時，特別是以第三人稱敘事時，我可以非常清楚地「聽到」我試圖捕捉的文句語氣。我在腦海中聽到這種語氣，彷彿在安靜的房間裡聽到一段音樂一樣。但很常見的情況是，我寫的文句與我聽到的相差甚遠；彷彿我在長期忽視的鋼琴上演奏奏鳴曲。這段文字在我耳中聽來並不真實──聽起來不是輕率就是太過頭。
>
> 即使我是擁有多年經驗的專業編輯，我還是很難將頁面上的文字校正成腦中聽見的旋律。套用一般的改善技術並沒有什麼幫助；無論是哪方面的寫作缺陷，都比《風格的要素》或《芝加哥格式手冊》中描述的任何內容都更神秘又轉瞬即逝。當我無法校正時，我最後會覺得自己沒有技藝來實現身為作家的自身藝術願景。

這究竟是聰明間距還是別的問題？很有可能是別的問題。也許這位作者只是需要多寫一點，少擔心一點。也許她的問題是缺乏經驗，也缺乏為某事投入數萬個小時而累積的智慧。也許她的環境太吵；也許她的心靜不下來。也許她有太多責任和牽掛。但這也可能**是**聰明間距造成的問題──如果是的話，就會造成傷害。

現在來看看一位青少年的哀傷經歷，我稱呼他為費南多，以及兩則回應費南多的友善評論。費南多寫道：

以下是過去 12 個月我對自己的確切了解。我今年 17 歲，提前一年半從高中畢業，並預期盡快上大學（從我有記憶以來，我就認定自己會上大學）。但我開始不停地糾結這件事：每個人擁有與生俱來的能力，而我永遠無法在我希望研讀的生物學領域有任何偉大的成就。

所以我什麼也沒做，反而吃了一大堆抗憂鬱藥物。如果你將任何特定領域視為一座塔，你會發現有些人只要位於低階或有條不紊地爬到他們爬得到的最高樓層就滿足了；而有少數人將會登頂。我屬於第三類：可能會把塔蓋得很高，但註定只能悲傷地仰望自己永遠無法到達的塔頂，因為根本沒有能力登頂。我一直很容易患上憂鬱症和強迫症（obsessive-compulsive disorder），但我的悲傷實在太合理，讓我似乎無法把自己拉出這個洞。

艾蜜莉回應：

費南多，你很有自覺。我懷疑你這麼明確的自覺跟你的憂鬱症和強迫症有關。但我也認為，你因為害怕失敗而壓力變大，並推開所有的可能性，讓離開沮喪困境的機會被扼殺。任何領域的成功都是多種因素加成的結果。內在天賦對於任何追求來說都是一種紅利，減少習得本領或達到精通的力氣，但這不一定代表會成功。

個人的幹勁會是困難作業、堅持不懈和其他因素背後的強大力量，也可以彌補落後的天賦和先天的劣勢。也許總是會有人超越你的成就、你的才能或你的智力，但並不代表你不能追求你的興趣、你的夢想和你的人生。你的貢獻可以獨一無二且非常有價值，你的參與可以讓你的人生變得多采多姿。

　　不要放棄自己。平庸的人生可能會讓你自我厭惡，但有朋友和家人的幫助與支持，加上專業的建議和指導，以及更多的人生經歷，你會學會因應。嘗試過總比帶著遺憾活下去更好。說來很容易，但不要害怕失敗或平庸——這些都可能是睿智的賢師，可以幫助你克服逆境。

　　羅伯塔的回應如下：

　　費南多，我同意聰明間距有時會存在，但我不能忽視我內心有多厭惡帶有宿命論的這種想法。我也同意人們應該在努力後獲得一定程度的收穫，但如果它從一開始就顯然如此，許多偉人就不會在他們的路上不停追求，許多當代的名人也肯定不會出名！

　　要不要想想看以下可能幫助你實現目標的步驟呢？
　　1. 根據你的興趣、熱情和能力選擇你一生的工作。
　　2. 了解你所在領域的沿革和當前趨勢。

3. 練習、練習、再練習。
4. 與你所在領域的大師一起工作。
5. 讓自己周圍充滿興趣相同的人。
6. 了解並遵守你所屬行業的成文和不成文規則。
7. 接受你的技能需要花很長的時間才能精通。
8. 嘗試、創新並找到你的個人風格。
9. 了解你的受眾、你的客戶或你的雇主想要什麼，並提供。
10. 監控你的努力結果，並在需要時做改變。

我同意並非人人都是愛因斯坦，但愛因斯坦是用來瞻仰的偶像，而非指示個人成功的藍圖。智商（IQ）和才能是兩片拼圖，但它們無關成就，成就需要大量的努力、適應和策略，才能達成我們尋求的外在獎勵。用與生俱來的能力實現世俗的成功，是各種努力複雜組合的結果。

艾蜜莉和羅伯塔對費南多困境的回應非常合理。他們務實、樂觀、思緒清晰，他們很清楚，成就和成功，與個人純粹智力不一定有關，甚至通常無關。知識分子和不那麼聰明的人都當過總統；也都寫出了暢銷書。因此你千萬不要一下就認為自己沒有用！如果你察覺到某種需要動腦的工作是很有潛力的意義機會，你不會想忽視它——特別

是因為一個人的意義機會清單可能很短而非很長。

同時，聰明間距確實存在；它存在於每個人身上。在某種程度上，我們可以縮小這個間距；某種程度上，我們可以忽略這個間距；某種程度上，我們可以努力彌補這個間距；某種程度上，我們還可以讓自己與這個間距和解。意義的創造正需要這樣的努力！但如果你每天都想以特定的方式創造意義，又由於天生能力不足而無法實現，那你就會受傷，而這樣的傷害會造成嚴重影響。

如果你有這樣的間距，最好誠實並清楚地正視它的存在，然後思考你想要怎麼努力來跨越這個間距（如果辦得到的話），或者以其他方式與它共處（假如不可能跨越的話）。即使它會讓你感到痛苦，甚至影響你完成你打算做的工作的能力，但否認你體會到的間距，比直接承認間距更糟，承認間距後——接下來就要制定策略。

你能怎麼做？

首先，你可以幫你的大腦進入最佳狀態。這意味著很多事，不酗酒、不要自言自語說出打擊你信心的負面話語，再來要有規律、有紀律地處理你選擇的知識主題。這意味著控制自己的思維，為了宏觀的想法少想一些枝微末節，少分散自己的注意力，少逃避工作一點，少找藉口來解釋為什麼你沒有時間、耐心或能力思考。

再來，你可以考慮哪些要動腦的工作符合你先天的能力。設計史上最複雜的情節完全有可能沒什麼幫助，不如選擇一個簡單的情節來寫出一部深刻、可愛但又簡單的小

說。也許在你的領域中有一個適合你智力的難題,你的領域中有一角很美好而且不那麼堅硬,有一種方法可以利用你其他的長處來完成你想做的工作。只有當你承認有問題、退一步考量你的選擇時,你才會知道這些方法是否可行。

第三,你會想對自己寬容一點。有多少聰明人把自己折磨到住進精神機構,只因為他們創作的詩詞無法如他們偶像所創作的詩詞一樣精彩,無法解決所有最聰明的人都受挫的數學問題,或者無法做出像克萊倫斯‧丹諾那樣精采的最後陳詞(按:Clarence Darrow,美國以替公眾議題辯護而出名的律師)?你可以折磨自己並威脅你的心理健康,或者你也可以判定這種自虐對你沒有好處,並極力阻止它。

第四,透過多重的賦予意義和抓住多重意義機會,你或許會讓你的主要智力工作變得不那麼重要。也就是說,你與其把所有的認同、智力、自我和意義都投入生物研究中,不如在投入生物研究之際,也同時投入社會運動、服務、人際關係、享受生活、好好活著,或其他可能引發意義的心理體驗的領域。

第五,你可能會屈服於一種可能性,是認為你並不真正明白你察覺到的聰明間距是真正的生物障礙,還是可能隨著時間和努力而改變的東西。你可能在某種程度上會忽略它是真實的,表現得彷彿它不存在,看看如果你在選擇的學科上努力,它是否會縮小或消失。你意識到這個間距,對其嗤之以鼻,繼續你創造意義的工作,並監測這個間距

是否也許一直以來只是一隻妄想的奇美拉（chimera），是否可能正在縮小，是否依然很寬，但似乎不再那麼重要，或者是否仍然對你造成壓力。

在最後一個例子中，如果間距仍然真實且顯著，如果它依然對你很重要，如果感覺還是無法跨越，那你可以加倍努力，努力修正你的性格，靜下心思，提升知識基礎，或運用其他的策略。智力並非固定的。我們有時會比較聰明，有時會比較愚鈍。有時我們會想出比自身智商高出好幾個等級的絕妙想法。你當然可以在思考自己是否聰明到足以勝任你想做的工作時，保持較樂觀的態度。然而，在如此樂觀情緒的影響下，務必清醒地理解，我們並不是為了解決那些對我們來說太費解的難題而被創造的。

這些間距構成了聰明人生活真正的問題。無論這些間距可不可以跨越，是真實還是想像居多——無論它們的確切性質或在特定情況下的確切真實狀況——當你在某個對自己很重要的領域中生活，並察覺到聰明間距時，它必然會讓你感到痛苦。減少這種痛苦非常重要。你可以嘗試本章中所列出的各種方法，以及我在後續章節中詳述的其他策略。總之你必須有所作為。活得痛苦卻不嘗試改變並非答案。

本章提問

1. 關於本章所描述的聰明間距,你曾經有怎樣程度的經歷?

2. 它是否只影響你特定的思考領域,而不影響其他領域?你是否在某些思考領域非常聰明,在其他領域你卻沒有那麼聰明?

3. 你可以採取什麼策略來確認這種聰明間距是否真實存在,或其實是某些問題(例如急性焦慮)造成的結果,而這些問題可以解決或矯正?

4. 如果可能的話,你會怎麼做,讓自己變得更聰明?

5. 如果事實證明這個聰明間距是個棘手的問題,你會如何解決?

8
思考焦慮
Thinking Anxiety

當你要做已知會引起焦慮的事時,若想好好完成,就必須有效地處理這種焦慮。舞者、歌手、演員和其他表演者必須因應表演焦慮。以飛航為生的人——包括飛行員和機組人員——如果恐懼會困擾他們,那就必須克服對飛航的恐懼。以思考為生或經常用腦的人,必須因應真正、不可否認,且往往很嚴重的思考焦慮。

就算我們基本上能夠勝任特定的思考工作,就算不需要克服令人不安的聰明間距,聰明人仍然必須克服思考焦慮——也就是當我們努力思考時產生的焦慮。想像一下你搭的電梯被卡在兩樓之間的受困情況;思考往往就是這樣的感覺。當我們的大腦困在測驗題、工作相關的問題、個人問題、研究挑戰或藝術難題等有限的空間裡,逼著我們想出答案時,我們的焦慮就會加劇。

每一種思考方式,不管是計算、想像或預測,都會產生一定程度的正常焦慮,只要我們學習一些簡單的焦慮管理技巧來因應,就可以更輕易處理這些焦慮。然而,我們通常的做法是沒有意識到焦慮襲來,也沒有好的計劃可以因應,所以每次都措手不及,反而採用以下其中一種不恰

當方法來減輕焦慮。因此，比其他人更需要因應這種焦慮的聰明人，就需要特別警惕，或不要採用以下七種常見但不恰當的策略。

我們逃避與焦慮相會

為了避免我們一知半解的焦慮襲來，我們就盡量不思考，當我們即將需要思考事情時，我們會轉往另一個方向，我們幾乎一開始思考就立即起身做其他事，或者我們留在原地，但思緒飄到其他地方，去想其他比較容易的問題。很多時候，我們只是完全迴避思考。就像害怕飛行而完全避開機場的人，因思考而感到焦慮的人也可能就完全避開思考。

也許我們會設法開始思考，但隨著我們一直找不到測驗問題的答案或研究方向的選擇，我們會愈來愈焦慮。到了某個時候，我們不再思考問題本身，只注意到我們的痛苦並渴望結束痛苦。焦慮引起的精神混亂惡化了，我們的思考能力比剛坐下時更差，而且我們心知肚明如此。也許我們會跳起來；也許我們會用這樣的想法分散自己的注意力並原諒自己：**我可以明天再做**，或**我需要做更多功課**，或**沒有人有辦法答對每個問題**。也許我們會杵在原地、飽受折磨，然後根本不思考，直到下班，或直到主考官宣布把筆放下。

我們真正能好好思考到最後的情況有多罕見？我們在開始思考之前就逃走了，我們一開始思考就逃避，我們逃

思考焦慮　091

避幾分鐘或 15 分鐘折磨人的思考，我們藉由幻想逃避、我們透過分心逃避，或我們會跑去檢查電子郵件，或打開電腦「只玩一場」接龍——我們找到 50 種擺脫焦慮的方法。也許最糟的是，我們可能會說服自己放棄堅持我們正在處理的計劃。為了減輕思考帶來的焦慮，我們宣稱正在寫的小說行不通，或者我們的科學理論站不住腳。我們直接榨乾計劃的意義，然後我們就可以離開——離開得理所當然但絕望。

我們採用危險的策略排解壓力

為了在心中湧出思考焦慮時逼自己不要逃跑，我們會開始抓頭，也許抓到流血；我們會咬指甲，也許咬到指甲都被咬下來；我們在手邊放一瓶蘇格蘭威士忌，或者在掙扎地思考時以其他方式安撫自己。

想像一條充滿湍急水流的運河。你負責這些水流，但卻無法控制它。你負責的水流很寶貴，但你無法控制它衝過運河的速度，除非你採取介入措施，否則你將面臨這些寶貴水流因濺出河堤而失去的威脅。這是一項重要、令人緊張、甚至令人筋疲力盡的工作，當你投入這場重要的掙扎時，你可能沒有發現自己一直咬緊牙關、菸一根接一根地抽，或者抓破了頭。

這條運河裡充滿湍急水流的畫面，可能有助於你更清楚理解排解壓力的現象——也就是說，我們所做的努力和我們的習慣，使我們的思考維持在正軌，並在它們奔流

時保持在河道裡。其中許多方法並不會產生太大的負面後果——我們一直敲手指可能只會惹惱咖啡館裡鄰座的客人；但如果你的方法是抽菸，你就有罹患肺癌的風險；如果你的方法是抓頭皮，則可能會造成流血的瘡口；如果你的方法是咬緊牙關，則可能會導致下巴受傷。

如果你在思考時透過抽菸來排解壓力、減少焦慮，那麼戒菸有多困難？應付尼古丁的成癮力是一回事，而當抽菸已成為你首要的焦慮管理技巧時則是另一回事，嘗試戒菸可能變得更困難。如果你排解壓力的技巧包含香菸、酒精和另外一兩種藥物呢？你能看到即將浮現的多重成癮問題嗎？

我們只想小事

我們內心可能有一本想要寫的小說。我們坐下來開始寫，很快就感到焦慮，所以我們決定改成寫一篇部落格文章。寫部落格文章可以讓我們恭喜自己完成了一件事，但這些恭喜不可避免地會夾雜著失望和懊惱的感覺，因為當我們坐下時，我們很清楚地知道自己真正打算寫的是什麼。

某位建築師可能夢想**真正**思考他身為建築師的下一步，但每次他浮現這個想法時都會感到焦慮，結果發現他已經花了 20 年的時間從事能賺錢但卻無聊的改造工程。他每天都只是裝裝樣子，努力工作，解決無數的實作和策略挑戰，他賺錢、養家糊口，扛起他的負擔。沒有人能挑剔這個畫面——除了建築師本人，就像經常發生的情況一

樣,他希望從建築師的人生中得到更多,他發現他只因為焦慮,所以從來不曾對建築提出遠大的想法。

小事也許美麗,但如果我們註定要做更大的事,特別是如果我們知道只有更大的計劃和更大的挑戰才能激發我們感受到意義的心理體驗,那麼小事就不那麼美了。在那種情況下,小事並不美,而是正蠢蠢欲動的意義危機。思考焦慮會導致乍看之下似乎難以想像的結果:使我們無法經歷有意義的人生。如果我們本來想做大事,但由於焦慮而逃避,且只做一些小事,我們可能會發現,這種自我安慰的作法會產生極為負面的後果。

我們想得很保守

對大腦來說,被要求重播一段已經記住的訊息,比要它思考容易得多。大多數經常與他人溝通的人無法隨機應變,因為這是一項辛苦又令人焦慮的工作,他們反而會設計一段訊息然後重播它。這些重播的訊息會融入他們笨重的言談中,或成為他們不停播放的錄音帶。當我們只是重播自己的訊息時,聽起來會更聰明、更有自信,也更能抓住重點。

當我們的上司站起來,他會自動開始說話;當我們女兒學校的校長站起來時,她會自動開始說話;當一位作家接受新書採訪時,他會自動開始說話。的確,這些都是預期的行為,他們也需要這麼做,因為需在公共場合出現的人幾乎沒有機會統整自己的想法,他們沒辦法慢慢來,也

沒有時間隨機應變。現代的世界已經快到無法按暫停。

我們自然會在內心做同樣的事來減少或消除思考焦慮的感受。我們不是真的在思考,而只是播放一捲錄音帶,跟自己說個故事,挖出舊的想法,回到我們腦中舒適的地方,謹慎行事。人們會在外在播放他們的錄音帶,也在內心播放這捲錄音帶。他們會找到方法來合理化為什麼他們似乎沒什麼好的新想法,甚至可能想出理由解釋避免好的新想法有什麼好處。這個理由之後就變成他們播放的錄音帶,又進一步安撫了他們。

我們在幻想

一旦思考焦慮開始加劇,一個聰明人——天生熱愛故事、隱喻、敘事和幻想的人——舉例來說,他可能會停止寫他的小說,轉而幻想贏得諾貝爾文學獎(Nobel Prize for Literature)。他故意讓自己的思緒漫遊並幻想成功、征服、復仇或其他可能有撫慰效果和分散注意力的事。有時在這種情況下,思考者的白日夢性質是有用的幻想,在這樣的狀態下,他的思緒為了他的思考任務而漫遊。但更常見的狀況是,這單純就是個帶有安慰效果的白日夢。

因為聰明人的大腦擅於敘事,所以可以整天為自己編出有趣的幻想,早上是打敗兇猛的生物,中午順利談了戀愛,晚上贏得普立茲獎。腦子很聰明的人常常這樣做。但幻想並不能治癒疾病、寫出小說、給孩子洗澡或蓋房子。那些從幻想中得到的成就並不是真正的成就,最終,這個

只能在白日夢中取得成功的人，無法讓自己感到驕傲。

只要根據價值觀賦予意義，並積極抓住出現的意義機會，而不是編造童話故事，你就能獲得意義的心理體驗，還能在努力的過程中為自己感到驕傲。對於能創造美麗敘事的人來說，過度沉迷於幻想是常見的風險，他們知道，如果他們停止幻想，轉而認真思考，焦慮就會隨之而來。

我們過度準備

開始思考前要做的準備工作多得很——從調查、列出清單、腦力激盪、靜下腦袋、資訊性訪談，參加工作坊到檔案整理——這些活動可能滿足我們的思考需求，但也可能是我們用來逃避實際思考及隨之而來的焦慮的藉口。這些事情通常萬變不離其宗，就是想表達「我在完全準備好之前無法開始」這種心態；但是常說這句話的人真的曾經準備好嗎？

當然，我們可能無法解決我們致力解決的理論物理學問題，除非我們參加某場研討會，在那裡偶然發現謎團的其中一道線索，或者讀到一篇很有啟發性的期刊文章，引導我們找到解決方案。但也有一種情況是，如果我們並沒有真的努力解決我們的問題，如果我們只是嘴巴說要解決，實際上卻很少花時間思考問題，那麼我們很可能就算參加某個講座或閱讀某篇期刊文章，依然一無所獲。

為了幫助思考而從事的活動，只有在我們思考的時候才有幫助。如果因為思考讓我們如此焦慮，使得我們偷偷

地逃避，那麼我們從事可能有用的活動，其實只是為了表面上好看、維持我們的身分，和安撫我們的緊張，那這些活動就不太可能真的有用。在內心某個角落，我們可能很清楚自己在搞什麼把戲──這也進一步讓我們感到痛苦和失望。

我們試圖規避這個過程

思考是一個過程，就像所有真實的過程一樣，不可避免會出現錯誤和令人不快的混亂。因為這些錯誤和混亂非常真實，並且會產生負面後果──例如我們的小說劇情走向安排錯了，需要兩年的時間才能矯正這意外──思考的過程自然會產生痛苦。誰不想規避或跳過這個過程？

這是思考過程的一環，將二加二加二加二，然後，因為我們累了，心煩意亂，或者一時愚鈍，算成十，這個錯誤可能只會導致我們誤解有多少人來吃晚餐，導致買了太多鮭魚，但也可能造成錯誤，導致我們錯誤地設置了瞄準器並朝自己的部隊開火。思考是一個會出差錯的過程。光是這個念頭就會引起焦慮！再說一遍，誰不想規避或跳過這個過程呢？

但你不可以；思考就是這樣的過程。你會被引向錯誤的道路，並受錯誤的氣味吸引。你最好的猜測有時會完全錯誤。你處理的事實可能是錯誤的。你可能度過了愉快的一小時，但只要有糟糕的一分鐘，就會毀掉你所有美好的想法。一切就是如此。我們可能希望情況有所不同，我們

可能會發現自己被諸如「無錯誤思考的十大技巧」或「完美思考的秘密」之類的研討會吸引，但我們實際上所做的是避開這個過程，避免焦慮，並避免思考。

生物研究員約翰說道：

> 這些方法我都用過了！在我看到這份清單之前，我並不知道自己正在做些事。我不知道吸菸、拖延、幻想、閱讀另一篇期刊文章，以及在我其實對更大的問題有興趣時卻只選擇自己領域中的一小角，這些行為在這個基礎層面上都有關係，都是想要逃避思考所引發的焦慮，或在感受到思考焦慮時的處理方法。現在我清楚地知道它們之間的關係！我必須面對這個事實，將我的大腦專注在一個困難的研究問題上並應付它，會讓我感到焦慮——就是這樣。我必須接受這個事實……好好處理它！

想像一下你在跑馬拉松。這本身就是一件困難的事情，但大多數馬拉松跑者堅持不懈，想辦法衝過終點線。計劃本身的難度並不妨礙他們完成他們的工作。但想像一下，跑馬拉松其實更像是思考。現在，你將面臨更多的挑戰，例如不確定要在哪個路口轉彎、看不懂路線標記、在忽濃忽淡的迷霧中看不清路線，且由於這些新的困境，你變得愈來愈焦慮。這使得馬拉松變得更加困難！這些外加的難題到最後甚至可能會讓你認輸。

思考就像在濃霧中跑馬拉松，我們的焦慮會不斷攀升；如果要衝過終點線，其中一項任務就是有效因應日益加劇的焦慮。我們會學習如何實際有效控制焦慮來完成這個任務。有許多技巧可以嘗試——呼吸技巧、認知技巧、放鬆技巧、壓力釋放技巧、重新定向（reorienting）技巧、去認同和脫離（disidentification and detachment）技巧等等——但如果焦慮的思考者不去嘗試，那以上所有技巧都毫無意義。到後面的章節，檢視你想採用哪些聰明的做法因應我們討論的諸多挑戰時，我們會再回顧這主題。

本章提問

1. 思考這個行為本身是否會引起你焦慮？如果會的話，這種焦慮如何表現（也就是說它的症狀是什麼）？

2. 你用什麼策略（如逃避思考、抽菸、只想小事等）來安撫自己，並減輕你的思考焦慮？

3. 你想嘗試用什麼方法緩解思考焦慮？

4. 請說明你堅持思考的計劃，即使思考會讓你感到焦慮。

5. 如果思考焦慮對你來說是個嚴重的問題，你想採取哪些額外措施來因應？

9
語言與邏輯的誘惑
The Lure of Language and Logic

　　抽象詞沒有簡單的意思或直觀的用法。它們複雜又令人困惑的豐富性，會衍生出各式各樣的需求、吸引力、誘惑和陷阱。

　　哲學家、社會科學家、文化觀察家、語言學家、政治家、廣告主，以及其他所有對影響人們的因素感興趣的人都知道，沒有任何事物，甚至可以說真實事件，對人們的影響力比得上人類發明使用的語言。

　　喬治・歐威爾（George Orwell）在《政治與英語》（*Politics and the English Language*）中寫道：

> 　　政治語言必須大部分由委婉措詞、乞求論點（question-begging）和完全模糊組成。手無寸鐵的村莊遭到空中轟炸，居民被趕到鄉村，牛被機槍掃射，小屋被燃燒彈點燃：稱為綏靖。奪走數百萬農民的農場，逼他們只能輕裝上路徒步跋涉：稱為人口轉移或邊界修正。人們未經審判就遭關押多年，或從背後遭遇槍決，或被送到北極伐木場死於壞血病：稱為消滅不可靠分子。如果你想為事物命名但不想在腦中想起對應的畫面，就需要這些用語。

利用語言施壓、說服或推銷的人，對其他人玩弄的常見伎倆，可能經常被聰明人識破。聰明人看到又有「全新改良版」或「買二送一」時知道要苦笑；他們聽神職人員、政治家和經濟學家講話時會搖頭；他們很清楚電視主播或名嘴在玩的把戲，激烈辯論只是又一種刺激收視率的手段。聰明人很可能覺得自己遠勝於無所不在的語言操縱紛爭……但他們當然沒有。

聰明人不僅無法對這種力量免疫，還會受到雙重影響。就跟所有人一樣，他們發現自己陷入社會、媒體和統治階級所製造的隱喻之中。即使他們在內心深處某一角可能看得更清楚，但最終還是會像其他人一樣受到操控和脅迫。除此之外，他們創造出自己設陷的隱喻，這些隱喻甚至能影響他們一輩子。

正是他們的聰明導致他們熱愛語言，發現語言蘊藏著意義，並將其作為主要的組織工具，讓他們傾向將語言變成現有的手銬。其中的原理是什麼？其實極為簡單明瞭。有個小男孩讀了一本書在談失落的環節（missing link），最後取得考古學博士學位，一輩子深受非洲吸引。即使到了某一刻，他發現失落的環節這個概念已過時、不必要或判斷錯誤，即使他不再認為自己還在追求一樣的目標，他仍然會把這段一看到就**對他產生重大意義**的詞彙當做他的人生中心。

對於嶄露頭角的愛因斯坦而言，使他深陷的語句可能是**統一場論**（按：unified field theory，指能同時論述強核、

弱核、重力、電磁這四個交互作用的物理模型理論，目前尚未有真正具說服力的相關物理理論）。對初露頭角的作家來說，誘人的詞句可能就是一部**偉大的美國小說**。圈套不一定是一句語句——也可能是一個單字。對這個聰明人來說，可能是**繪畫**；對另一個聰明人來說，可能是**宇宙學**；對第三個聰明人而言，可能是**正義**。這類詞彙和短句就像磁鐵一樣，把我們的感受、信念、需求和價值觀這些鐵屑，組織成強大的需求和不可企及的聖杯。

這些字彙和語句被視為強大的意義機會，是可以創造意義的**那個**地方，因此可以勝過所有其他考量，包括那些真正應該考量的因素。是的，**會計**可能不具備**表演藝術家**的意義衝擊力，但當我們因為語言的誘惑力，甚至失去機會去思考某種職業或生活方式是否是真正對我們有用時，我們就嚴重限制了我們真正的可能性。

像**小說**或**靈性**這樣的詞，就是一束一束的意義，如同成束的火種一樣，在想像中點燃熊熊大火。多麼美麗，多麼耀眼，卻又多麼危險！像**小說**或**靈性**這樣的詞彙可以把一個人帶往多極端的地方！小說家可能永遠貧窮，僧侶可能永遠保持沉默和禁慾，這一切都是為了一個詞彙在她想像中代表的意義。我們也是時候該了解所有人（特別是聰明人）會以特殊的方式，讓生活既因為語言創造出意義的心理體驗而受到極大啟發，但也因此受到龐大限制。

當聰明人發現語言的力量對他有這麼大的影響時，他該怎麼辦？其實沒有簡單的答案，更糟的是，沒有真正的

好答案。如果你把每個字都釘上大頭針，並有意識地榨乾它對你的影響力，和握有意義的能力，那你就有效地減少意義體驗的機會，也縮減真實的意義體驗。沒錯，你更有智慧，但也更憂鬱。如果拿掉**繪畫**、**宇宙學**和**正義**等字彙的魔力、神祕和強度，然後把人生變得更渺小、更無聊。這是你樂見的結果嗎？

　　另一方面，如果你從不消除那些用來作為你生活組織隱喻的自詡單字和短語，那麼你會發現自己陷入了他們的陷阱，被他們牽著鼻子走。如果現實與共鳴不符（這是常有的事），你將受到強大的打擊。如果你是為了追求**正義**這兩字產生的真、美、善，選擇成為一名死刑律師，執業 30 年間，卻因為不曾拯救任何犯人免於死刑，愈來愈感到疲憊不堪，那麼，**正義**這兩個字的力量還有多大？

　　因為我們首先將意義視為一種的主觀的心理體驗，其次才視為一種概念，再來是視為特定的評價，所以我們有辦法思考如此深刻的兩難困境。運用這些概念和語言，正在思考問題的死刑律師可能會對自己說：「即使我仍然熱愛**正義**這個詞，但我的死刑工作並沒有讓我獲得任何意義的心理體驗。我不想停止這個詞給我的意義能量，但我必須全面重新檢視自己希望人生以這個隱喻詞為中心構築到什麼程度，而不以其他方式過我的人生。就意義的方面，接下來我該怎麼做，接下來我該如何面對**正義**這兩個字？」

　　這不是說有人只因為看穿了**繪畫**或**宇宙學**這些詞對她造成多大誘惑，並且讓她陷入困境，所以畫家就必須停止

當畫家，或宇宙學家必須停止當宇宙學家。相反地，她必須走出陷阱，用全新的眼光檢視自己的處境，看看她想不想對繪畫或宇宙學重新賦予意義，或者她是否想抓住其他的意義機會，並明白她的下一個意義機會也跟根植在語言，可能會催眠她、誤導她，以及誘惑她。

你必須看穿語言，以免受它的誘惑力量愚弄得太嚴重或太頻繁。你也必須擁抱語言的磁共振，否則生活會感到灰暗和無精打采。無論語言如何形成，它都內建了這兩個屬性：我們用它創造意義，我們用它創造誘惑和陷阱。一個字可以為我們提供影響一輩子的意義；一句話就能奴役我們一生。而且，是的，這可能都是同樣的詞彙造成的。

邏輯也有完全相同的問題。聰明人喜歡邏輯，但邏輯，尤其是邏輯的表面，也可能是一種誘惑和陷阱。邏輯和邏輯的相似性可以為任何立場創造理由——包括聰明人自己不支持或不相信的立場。我們很容易編出一連串聽起來合乎邏輯的前提，並推導出結論：吃肉是不道德的，或者吃肉是必要的，有必要去火星旅行，或者去火星旅行是荒謬的，簽署這項和平條約勢在必行，或發動這場戰爭至關重要等等。聰明人知道怎麼辦到這一切。

學習如何使用酷似邏輯的論述來為自己辯護其實很容易。你以「有人跟我說……」開頭，並以權威的論點結束。你用對稱的邏輯回應這個請求，「你要我倒垃圾，但你卻不跟我上床？」掩飾你的拒絕和抱怨。你用因果關係來表達你的觀點：「如果（槍枝不是那麼容易取得）（學校裡

語言與邏輯的誘惑

沒有教演化論)(老師的薪水比較高)(家長更稱職地管教小孩),那麼學校槍擊事件就不會發生」。聰明人可以抓到這些事情的訣竅,並在爭論一開始就結束爭論來贏得勝利。

當然,有些聰明人有耐心或渴望檢查論證,看看它們是否合理可靠,例如,看看論證的前提是否已經包含其結論,或者術語和短句的應用是否清晰一致。然而,無論聰明與否,沒多少人有時間或精力去分析強加在他們的論點。因此,在一個邏輯和談話要點都很簡單的世界裡,聰明人在論證自己的觀點時不會遇到那麼多麻煩——無論事情的真相如何,也無論他自己的信仰如何。

為什麼這很重要?讓我們先想像一個例子。佛洛伊德非常擅長從一種想法轉變為崇高的結論,例如,某些夢或許可以很有意思地揭露一個人的想法和感受,他就把它講成:「夢是通往潛意識的康莊大道」這樣的名言。他用語言和邏輯的外表,創造了一個前所未有的職業,並且在言之成理上做得非常出色,導致 100 年後,人們仍在向收費的專業人士講述他們的夢,並參與他們以為有幫助,可以減少情緒困擾的療程。

以這種方式運用語言和邏輯是非常誘人的,我們能憑空創造整個領域甚至神明,來滿足我們的自我和日常的自戀,還自得其樂地與我們的創造物並肩。這種輕鬆性及其誘人的本質,不僅產生許多嚴重問題,還產生一代又一代的惡霸,其中一些人與原本的思想家一樣聰明,有些人則

不那麼聰明,他們從他們的主人手中獲得產生共鳴的隱喻和有用的腳本,使他們顯得專業並以此維生。

例如,如果你是正在接受某類分析師治療的個案,勇敢地想要聊一些在你的夢中沒有出現的事情,那麼分析師根本不會允許你聊。這可能會讓你覺得有些牽強,但卻時常發生。例如,以下是一位個案的分享,正如分析師路易斯・布雷格(Louis Berger)在《心理治療:生命相交》(*Psychotherapy: Lives Intersecting*)中所提到的那樣。個案表示:

> 我第一次諮商時,這位心理學家提示我:「你有做夢嗎?」,我有。她認真地聽我說,然後做了一番解釋。當我告訴她這些解釋無法真正引起我共鳴時,她解釋說這是由於我在反抗,這讓我很火大。她說,我會憤怒代表她的解釋觸碰到我的神經,因此我們走在正確的軌道上。療程總是一樣的——一開始我會先談論我生活中的事件——她會不耐煩地聽我說,最後打斷我,「你有做夢嗎?」

對於聰明人而言,只要利用語言和少量的邏輯,很容易就能得到對她有利的結論——無論是情感上、自我中心、專業上或其他方面——然後以威權、無情、欺凌的方式將自己隱藏在這些觀點後面。例如,把科學中的概念用一些浪漫的字眼包裝,並將其轉化為理論現實並不支持的

靈性和邪教隱喻，這招簡單得可怕。迷人的語言和少量的邏輯這種特殊組合，可以毫無根據地把科學推測轉變成有神存在的證據。

身為聰明人，你可以透過以某種方式將單字串在一起，讓自己相信你已經找到一個無可爭議的真理。例如，如果你說這個東西屬於那個東西，光是這樣說，你就創造了兩個東西。透過彈指，你同時創造並證明了二元論。例如，你只需要說，為了**成為**巧克力冰淇淋，為了**擁有**真正本體論上的巧克力冰淇淋本質，必須具有一部分的巧克力冰淇淋本質，這意味著巧克力冰淇淋的本質必定存在，反過來必然意味著還有其他維度，在那裡巧克力冰淇淋、香草冰淇淋和草莓冰淇淋的柏拉圖理念可在空中盤旋而不融化。

沒有什麼比創造一個永久冷凍的冰淇淋天堂更容易的了。

讀到這裡你可能會笑出來，但在人類歷史上，這不是好笑的事。這些陰謀和操控成了一種知識結構，從極權政府到精神病標籤，再到監禁抱持不同政見的人，再到政治迫害和宗教裁判所，一切都如此運作。創建冰淇淋口味的星界（astral plane）是一回事，而創造出必須效忠的神明又是另一回事。例如，伯克利主教（Bishop Berkeley）在《人類知識原理》（*Principles*）第 29 條描述了上帝存在的證明：

> 無論我對自己的思想有多大控制力，我發現感官實際感受到的想法，並不像我的意志那樣依賴於我。當我在白天睜開眼睛時，我無法選擇是否看見，也沒有能力決定什麼物體出現在我的視野中；聽覺和其他感官也是如此；印在它們身上的概念不是我意志的產物。因此，是其他的意志或精神產生了這些感知。

因此：是上帝。那段話的開頭並沒有真實的神存在，那段話的結尾也沒有真實的神存在，但從那段話隱約散發出的訊息，神的存在得到了證明。任何聰明人都可以做到這一點。任何聰明人都可以用迷人的語言和少量的邏輯，來解釋為什麼他應該比別人得到更多的報酬，為什麼他的理論比別人的更正確等等。我可以做到；你可以做到；所有聰明人都能做到這一點。

也許你明白這一點，並且小心翼翼地避免不誠實地使用迷人的語言和少量的邏輯。隨之而來的挑戰及其痛苦仍然會存在。如果你意識到這種拉扯，那麼你就會在周遭看到它的證據，這肯定會讓你生氣。如果你看透知名演講者帶來的最新、最熱門的教學工具該怎麼辦？你不能一邊發出噓聲，一邊保住你的工作。如果你從其他陪審員那裡得到了處理不當的邏輯怎麼辦？你不能跑去找法官。如果鎮上父親們的談話要點是毫不掩飾的權力爭奪，讓你想大叫

怎麼辦？你會著手處理多項召回請願書的繁重工作嗎？

在這種情況下，你可能幾乎無能為力，或者實際上也無能為力。你會站在那裡，憤怒，被周圍的人嘲笑，並且感到痛苦。同時，你會非常想以完全相同的方式使用語言和邏輯。就像每個聰明人一樣，你在使用語言和邏輯，來為自己辯護、表達你的觀點並為你的利益所用時，會感到感動。因此，你需要應付自己的虛偽。這些是由於我們的大腦在語言和邏輯上運作不完美而出現的多重困境。

我們將在下一章繼續討論，探討幻想和神秘主義的誘惑。現在，讓我總結一下。我們的大腦以一種特定的方式運作；它使用一種奇妙又厲害的東西：語言——而語言是一把多面刃。它包含邏輯——而且可以折磨它並操縱它。許多大腦的誘惑和創傷都是因為這樣的雙重才能而發生的。我們可能會受到誘惑，一輩子從事我們幾乎不感興趣的工作；我們可能會受到迷惑，創造出毫無基礎的理論，還覺得自己有義務捍衛它。對聰明人來說，語言和邏輯是奇蹟——也是怪物。

本章提問

1. 你曾因為受到語言誘惑,而做出哪些重要,甚至可能改變人生的決定?

2. 哪些語句中的字彙依然能吸引你,到你不希望如此的程度?

3. 哪些字彙仍然能夠以你非常樂意的方式吸引你?

4. 用你自己的話解釋邏輯如何證實一個問題。

5. 你是否曾經遇過邏輯的問題?如果有的話,你再次遇到時會希望怎麼做?

10
神秘主義的誘惑
The Lure of Mysticism

聰明人也許小時候心中充滿宗教觀念,但後來得知宇宙起源真正的奧秘後,如果她選擇草率的神秘主義,那她會感受到真正的痛苦。同理,如果她不願選擇那種草率的神秘主義,並宣稱她不知道最終的答案,也不可能知道最終的答案,那麼她就會因為懷疑宇宙對她毫無興趣,而陷入冷酷和哀傷的深淵。

兩種選擇都會讓她痛苦,無論她努力保持一種她能看穿的神秘主義,**或**她擺脫那種草率的神秘主義,但卻不知道如何面對因此產生的無意義。不過好巧不巧,我提出的見解為這個難題提供一個完整、令人滿意又令人振奮的答案,這個見解的理念是接受典範轉移(paradigm shift),從尋求意義變成創造意義。

不過,如果她碰巧沒有接觸到這個好主意,她可能會終其一生同時陷入兩個不快樂的陣營,被一個又一個神秘或靈性的狂熱事物所吸引——這一年是天主教徒,接著又成為佛教徒,然後成為異教徒,接著又信了道教,後來又陷入不知名的新時代運動(New Age)等等——同時,她又因為覺得宇宙沒有意義而感到麻痺。她成了一個不快樂

的尋求者,深受令人不安的真相困擾——但只要她知道轉變的過程,這個真相就可以轉化為一件勵志又療癒的事。

以下這段出色的分享將是此處唯一的範例,顯現從草率的神秘主義到接受真正的神秘有多艱鉅,以及聰明人在創造以價值觀為基礎的意義時要面臨的挑戰。珍妮佛說道:

> 我先生和我都是在基本教義派基督教家庭和社區長大。我們就讀同一所私立聖經學院(bible college),我當時領全額獎學金,我們都是班上的領袖。我先生畢業後成為青年牧師,我一畢業就跟先生結婚了;我才剛滿21歲就成了一位牧師的妻子。我們的教會規模非常大,青年團裡的高中生約有300人。我們帶這些孩子去國內外旅行和靜修。作為一對基督徒夫婦,我們值得尊敬、有吸引力又充滿活力。
>
> 去年八月大約此時,我們開始鑽研一些基督徒經常試圖避免的問題。與難以自拔的懷疑相互角力差不多六個月後,我們不得不承認我們是無神論者。我們大感震驚,而我們確實認真思考過活在謊言中並繼續傳教;一想到要離開這一切,我就深感畏懼。不過,我們的正直和誠實根本無法承受這樣的生活。因此,到了一月,我們公開承認自己是無神論者,並犧牲了一切。我們所有的生活都是以基督教為基礎——家庭、朋友、經濟保障和世界觀。我們遭到迴避、斥責、誹謗和帶有優越感的憐憫,而這些人幾週前還口口聲聲說愛我們、支持我們;這出乎我們預料的痛

苦。我想我們的無知給了我們勇氣，現在我很感謝我們的天真。

當時對我們來說，繼續充滿英勇殉道的想像還比較輕鬆。即使我們認識和所愛的大多數人變得充滿惡意和冷漠，我們仍然對自己擁有的力量和誠實有強烈的感覺。然而，幾個月過去，那股激動漸漸消失，取而代之的是孤獨。到春天的時候，我們已經疲憊不堪。我先生無精打采、感到空虛，而我則充滿無處發洩的憤怒。由於喪失了世界觀，我們犧牲了我們所知創造意義唯一的方法。我們的直系親屬和一些朋友選擇留在我們身邊，但還是有一大片空白的虛無。

這對我們來說，應該是發掘自身對意義和目標的想法的最佳時機。但我們反而在近乎絕望的情況下渾渾噩噩地過了一段時間。到最後，我們終於決定受夠了，我們需要積極參與自己的生活，重新獲得內在的控制觀（locus of control）。我們去參加當地的無神論者聚會，我開始為他們帶領其中的討論小組。在網路上瀏覽時，我遇到一位最近才逃出類似邪教運動的女子，我跟她聯絡，開始幫她寫一本書。我們當時還不知道你提到的這些詞彙，但我和我先生已經開始賦予新的意義。

到了這個時候，我先生開始與一位第一次參加我們無神論團體的男人交談。他可以接受自己的無神論，但還是會去教堂，而且在社區中很活躍。他邀請我們去見他太太，好讓他們兩人能更深入地了解我們的故事。我們開心

地赴約,得知他太太一想到會失去基督教內在與外在的撫慰就害怕到腿軟。由於這樣的焦慮,她遲遲無法決定針對她不想提問的問題去尋求答案。這樣的認知失調光看就令人痛苦,而且她似乎難以忍受。

正是這個時候,我在尋找也許可以幫助她找到平靜和慰藉的資源,我找到了你的著作。我在把書送她之前,先自己拜讀了一番。這對我來說充滿勵志,激勵我繼續做我早已開始做的事情,讓我做得更多。我依然容易陷入一種觀念,是堅信一個行為必須具備持久、廣泛的重要性才會有意義——這可能是我受有神論觀點影響的殘渣。

我提醒自己可以此時在此刻投入意義的其中一種新方法是繪畫。例如,我畫了一幅畫,將之命名為〈正月殘月〉,紀念我們公開叛教第一階段那段時期的殘月。我透過創作那幅畫來創造意義,而這幅畫持續向我傳達意義,跟我說我們結束了舊生活,並開始充滿希望的新生活。

在這個新生活中,我創造意義的方式是鼓勵和支持那些離開宗教或在掙扎面對無神論社會問題的人。當我的新朋友因為她在週五晚上大哭而不是出去玩,需要「強迫」我們坐在她身邊而感到內疚時,我告訴她,我不想去任何地方。這是真的。我跟她解釋,我們穩定自身並茁壯的能力,正是因我們在他們家裡所做的事情——透過支持和鼓勵那些正在經歷我們過往經歷的他人來創造意義。我再次解釋了賦予意義的想法。

我仍然能察覺在我內心邊緣那些無意義、憤怒和憂鬱

神秘主義的誘惑　115

的殘影,不過它們不再佔上風。我甚至沒有意識到我的進步,直到這位新朋友淚流滿面又害怕地哭著說:「我真希望自己能更像你們!」如今,從基督徒口中聽到被羨慕而不是被憐憫的如此說詞,感覺非常特別。雖然她是對的:我不希望她過著雙面生活和經歷內心的掙扎。我選擇誠實面對而非表面上的順從,並感到非常自由。我仍然可以成為牧師的妻子,贏得朋友、家人和社區的充分的讚揚和尊重,以及連帶的經濟保障。而我還是一樣會犧牲一切。我和我先生自認是我們人生中的英雄,我感到很滿足。

如果你信仰某種宗教,或熱衷靈性課程,那麼珍妮佛的心路歷程可能不值得你仿效。你很可能相當不認同我的主張,即人類並不知道秘密的終極解答。然而,我希望你能思考以下這件事:我所描述的構想,實際上有一定程度在**擁戴**神祕學。你不是在神祕主義和虛無之間抉擇;而是在神祕主義和真正的神祕學之間抉擇。

人們普遍有這樣的偏見,認為以科學為基礎和經驗主義的思想,以及不願受語言和幻想迷惑的自然主義世界觀,破壞了生活的神祕性。以下是自然主義世界觀註定剝奪生活神祕感的典型說法。山姆・金恩(Sam Keen)在《加布里埃爾・馬塞爾:當代神學之主》(*Gabriel Marcel: Makers of Contemporary Theology*)一書中,寫到關於神學家加布里埃爾・馬塞爾(Gabriel Marcel)對哲學的貢獻時,提到:

> 對馬塞爾而言，自然主義思維的結果是人類尊嚴的災難。當愛、景仰和希望的能力枯竭，功能正常的人就失去了超越疏離和受囚處境的能力，甚至是對其的渴望。他的世界失去了神秘的特質，變得「純粹自然」，一切事物都用因果範疇來解釋。隨著神秘感被蠶食，好奇心也隨之縮小。人或許會質疑和探查一個純粹自然、功能化的世界，但態度不會是欽佩敬畏又帶有感激之情，因為有一天，其運作機制將被完全理解。

但它永遠不會被理解，也無法被理解。那是完全沒有根據的恐懼——如果事實上這真的**算得上是**恐懼的話⋯⋯

以這個角度看，人無法環顧四周就毫不皺眉地承認自己對終極的現實一無所知，或更糟的是，不陷入絕望就無法承認此事。以這個角度來看，人類對這種認知而言實在太渺小了。他害怕如果得知宇宙可能對他漠不關心，他可能會不再抱持希望或關心。如果他懷疑自己既不是精心設計的產品，也不被愛，他還能對自己的存在感到感激，或是在仰望星空時感到敬畏嗎？他認為不能。因此他選擇了神秘主義。

神秘主義帶有這樣的理論基礎，認為人如果承認人生就只是這樣，那麼他就會崩潰：「就只是這樣」可以翻譯成「空虛、冷酷、冷淡和無目標」。但這不是正確的承認

方式。我們不是在虛假但令人療癒的神秘主義,以及接受冷漠的宇宙之間做選擇。相反,我們是在簡單的神秘主義和真正的神秘學之間做選擇。這是非常不一樣的選擇!這是聰明人可以欣然接受和讚揚的理念——甚至會愈來愈感到興奮。他再也不用絞盡腦汁釐清神秘學了。他可以任由它**就這麼**神秘。

　　神秘主義者做了一個糟糕的選擇,一個有神秘傾向的聰明人永遠無法真正完全感到自在去擁抱的選擇。神秘主義者不會承認她完全對宇宙的創造者或宇宙如何運行毫無頭緒,她比較喜歡表現得像她能理解——而且,更重要的是,表現得好像答案很簡單明瞭。如果她比較傾向科學,她就會把物理學中的比喻變成世界上有神存在或宇宙意識的證據。如果她沒有科學傾向,她會單純選擇她一生下來就接觸或對她灌輸的任何神秘宗教或語言。

　　另一方面,自然主義世界觀會讓神秘學變得真的很神秘,而非透明、單純或顯而易見。這種世界觀從來沒有說過:「這都是一個大謎團,但實際上並非如此,請見我最新發行的光碟中的答案。」這種世界觀從不會將宇宙擬人化,並說:「宇宙想要這個」或「宇宙要求那個」。當它稱一個謎團無法解開時,就單純是字面上的意思。我們一定會更加了解物質宇宙;我們將更清楚大腦如何運作、物質如何運作,以及什麼東西會填補空隙。但即使我們演化成更聰明、更有智慧的物種,擁有大量新的科學知識,我們仍然無法一窺終極解答。

當一個聰明人最終承認有些謎團無法解開時,她就能放鬆並感到欣喜。當你擁戴你所知道的事實,也就是沒有人知道最終的答案,以及未知和無法得知是兩件事,以及猜測並不算數,以及如坐在墊子上或在大自然中行走能安慰你但什麼也回答不了時,那麼你就可以把神秘主義拋在腦後。那你就準備好接受**這個**答案了:你有義務主掌你的人生。

如果她可以忍受宇宙的神秘之處無從解答,這位長期神祕主義者就能與她的人生和睦相處。聰明人可以選擇接受這個事實,睡得更好,更放鬆地休息,而不會覺得自己的尊嚴被削弱。為什麼她要因為某些問題得不到答案而覺得失去尊嚴?無論人生帶給你什麼,除了積極遵循你的原則和你的目標生活之外,尊嚴還有什麼意義呢?聰明人會說:「我接受神秘學的存在;現在,讓我決定我想怎麼過生活。」

我主張,如果你進行基於價值的意義創造(value-based meaning-making),並以有尊嚴的方式捍衛你的價值觀和原則,無論宇宙給你什麼,你感受到的精神痛苦都會比較少,也比較不會鑽牛角尖。人類尊嚴一直都是,也永遠是在我們所居住的現實世界中努力做一件正確的事。這是艱鉅又令人困惑的工作,但我們接受這項任務的原因並不神祕。如果我們不這麼做,我們就會為自己製造痛苦,讓自己失望。

本章提問

1. 你是否同時相信自然主義世界觀和神秘主義世界觀?兩者有多麼相容?

2. 如果神秘主義已經對你造成問題,這些問題是如何表現的?

3. 如果你想保持神秘主義世界觀,你是否可以同時採納基於價值的意義創造觀念?

4. 用你自己的話描述神秘主義如何證明是一種誘惑(如果你認為它能如此的話)。

5. 如果你不想那麼相信神秘主義,你會怎麼做?

11
堅定但不自傲的信念
A Firm but Not Proud Conviction

即使有相當數量的聰明人碰巧屈服於語言、邏輯或神秘主義的誘惑（也許就是因為他們已經屈服了），他們仍然有其熱衷之事、嗜好和興趣；追求教育與事業成就等等，但卻從來沒有對任何主題、工作、生活真正感到熱情過。甚至對他們熱衷的事、嗜好和興趣也很快就感到厭倦。桑德拉如此描述她的處境：

> 49歲時，我發現自己已經無法真正對任何事保持興趣了。最廣義的層面上來說，藝術是最接近的。我甚至不確定我是比較喜歡創作藝術還是觀賞藝術。我家中收藏了我這輩子創作的所有藝術品，包括雕塑、版畫、繪畫等，每件作品都與其他作品截然不同。似乎我試著鞭策自己對一個主題或風格投入超過一次創作後，它就成了一件苦差事。
>
> 問題是，我有一部分的內心也想要有這樣的紀律，想要從不同的角度和不同的脈絡探索一個主題。但我跟自己吵架，說著我已經完成了，還有一大堆其他的事情等著我。我的習慣是買好要進行一項活動所需的所有材料，假

設要做串珠手鍊好了，我做了一兩條——然後我就不做了。我就拋諸腦後。然後呢？這個嘛，我目前正在上烹飪基礎知識、藍調歷史、電影哲學和創意寫作課程，我還想去上攝影課程、縫紉課程和歌唱課程。一切不言而喻。

我最近在一間成人日間照顧機構擔任為期一年的志工，協助一位休閒治療師（recreational therapist），我非常樂在其中。但我並不想去追求它。感覺我好像一直在尋找能堅持下去的嗜好。我喜歡做一些像是包裝禮物、發明商標和評論網飛上的電影這類的事。過去幾年，我探索了陶瓷、手作皮件、壓花賀卡、蛋糕裝飾、藝術修復和表演（我去試鏡並接到電話詢問我的時間安排，但我沒有足夠的空閒時間可以參加排練！）。

以上活動我都喜歡，但好像沒有哪一項可以堅持下去。沒有什麼是我特別熱愛的；而我希望有。我總是忍不住心想，如果我專注於一項活動，我就會錯過另一項活動。我只是貪心嗎？我是否有熱情但卻無法專注？我羨慕那些能夠隨著時間過去，深入探索自己主題的藝術家。感覺彷彿我會一輩子都在想辦法決定長大後我想做什麼工作。

有時候，人主要是對他的工作不感興趣，而他生活的其他方面至少還保留了一些光彩。以吉娜（Gina）為例，她就這樣說：

> 我這輩子都在尋找有意義的工作。我今年53歲，擁有大學學歷和豐富的工作經驗。每次我在一個地方工作，過了一陣子，我就開始感到無聊。我真正喜歡做的「工作」是養育我的小孩、寫作、繪畫和其他需要發揮創意的事。但我對有給職向來沒有任何興趣。

吉娜很幸運，因為我們時常碰到的狀況是，一個人一**輩子**都過得枯燥無味。沒有什麼令人興奮的事情；沒什麼有太大意義的事。每份工作都能再換，一個換過一個，所有這一切都讓她感到無聊。

這種狀況應該讓你想起卡夫卡《飢餓藝術家》（hunger artist）中那位存在主義文學的悲情人物，他非常擅長挨餓，擅長到可以作為馬戲團的看點，客人願意付錢觀看他日益消瘦，看他緩慢邁向死亡，看得津津有味。在他看來，他沒什麼技能；他只是對食物沒興趣。當他的老闆問他如何獲得挨餓這個「令人敬佩的天賦」時，出現以下對話：

> 「但你不應該敬佩這件事，」飢餓藝術家說。「好吧，我們不敬佩，」老闆說：「但我們為什麼不該感到佩服呢？」「因為我不得不挨餓；其他的我什麼都做不了，」飢餓藝術家說：「看看你自己，」老闆說：「你為什麼做不了別的事呢？」「因為，」飢餓藝術家說，他稍

微抬起頭,噘起嘴唇,好像要接吻一樣,對著老闆的耳朵說話,以免他漏聽一絲一毫:「因為我找不到我喜歡的食物。如果我找到了,相信我,我就不會讓自己成為如此奇觀,我會像你和其他人一樣盡情大吃。」那是他的最後一句話,但在他日漸衰弱的雙眼中,即使少了傲氣,但仍堅信他將繼續挨餓。

許多聰明人發現自己就處於這種詭異的境況,他們堅定但不自傲地認定生活中沒有什麼事情能真正激起他們的興趣,或可以真正**讓**他們感興趣。他們聲稱,如果某件事**確實**激發了他們強烈的興趣,他們就會非常熱愛,不過這樣的說法聽起來有點空洞,就像飢餓藝術家的一樣空洞。原因真的是一個身體健康、精神很好的人,找不到冰淇淋、披薩、燒烤肋排或**什麼東西**好吃的嗎──還是他確實心情低落、以一種特殊的方式感到生活很挫敗,導致他的胃口都受到破壞?

無論這種不適的確切原因是什麼,無數的聰明人發現自己就像卡夫卡筆下的飢餓藝術家,日漸消瘦,對所有事物都無感,並確信所有原本追求的事物再多看一眼都會變得空虛。似乎沒有什麼事情得以激發他們產生意義的心理體驗。他們讀了一本小說──還不錯;然後呢?他們種玫瑰──還不錯;然後呢?他們學習木工──他們做了一些物件;然後呢?他們上了一堂課──課程很有意思;然後

呢?他們創業──壓力大於報酬;再繼續嘗試下一件事。

一個把自己活成業餘愛好者的人,會失去意義,感到絕望。但是她對她的困境又有一種奇怪的執拗,彷彿她決心不放棄自己的世界觀,就算另一種世界觀可能會帶給她意義,就像癮君子們強烈堅持自己的毒癮,只會口頭上答應願意去勒戒,往後願意戒菸、戒古柯鹼、戒酒──或連口頭答應也不給。事實上,許多聰明人都會同時執著於兩者──其一是毫無意義的生活,另一種是沉迷其中。頑固拒絕真誠創造意義所產生的痛苦,只能由這樣的頑固舒緩。

思考一下法蘭克的分享,以下這段分享將幾個這類主題串連在一起。法蘭克說道:

> 經過多年徒勞,我不知道自己到底有沒有能力對特定的主題、工作或生活產生真正的熱情。也許我單純不是一般人。這其實是我最大的恐懼之一:勉強以熱情活過漫長的一生。我懷疑我的主要障礙之一是我不相信絕對。所以雖然我大概永遠不會相信其他的觀念,但我需要釐清我是否正利用我這個完全合理的核心信念當作防禦機制,讓我在追求熱情以外不想做任何事。
>
> 我年輕的時候對體育很感興趣。上大學後,我開始研究存在主義。並閱讀俄羅斯文學、卡繆、沙特和海德格的著作,接著讀到德希達、拉岡、黑格爾和傅柯的著作,當然他們的作品都很精采,但我迷失在意義與無意義,以及我自己的知識中。我非常努力地逼自己絞盡腦汁,寫論文

成了我這輩子最困難也最重要的事。

　　大學畢業後的十年間，我的生活都耗在酗酒和藥物濫用。我要麼極度憂鬱，要麼欣喜若狂。我不是失業就是在努力說服別人相信我的「天才」，負責一些我一無所知、也不在乎的業務。我是否因為對他人的生活和自我真正感興趣而與他人往來？我有允許他們在我的人生中定義他們自己的意義並接受，或根據我的自覺和自我來拒絕嗎？幾乎沒有。我往往是利用人生中遇到的他人來向自己證明，自己不是怪物。

　　我已經十幾年沒喝酒了。毫無疑問，如果我今天就過世，那我最自豪的成就是我對集體意識迷團的最後貢獻。我堅定又努力不懈地執行一項12步驟的計畫，獲得的成果巨大又真實。我清醒時做的決定和有毒癮時做的決定一樣蠢，有些錯誤也同樣嚴重。但我也更了解自己了——雖然核心問題依然存在。

　　這些對我造成什麼後果？我是一名丈夫，也是兩個孩子的父親。我是一名作家和平面設計師，我任職於一家保險公司，為客戶製作關於員工福利的手冊。13年來我換了8次工作。我體重超重，正在服用兩種高血壓藥物和兩種重度憂鬱症或第二型雙極性情感疾患的藥物，因為似乎所有藥物或談話治療對我都沒效。

　　這幾年來，我接受了數百次測驗，以釐清我的情感、智力、性向、興趣、優勢、毅力、遠景這些我早就知道的事。我早就知道我有數百項熱衷的事，其中有很多項目都

能讓我打造非常成功的生活。教數學?當然!創辦並建立一家基金會,輔助老年照護機構的技術?為什麼不?研究蜘蛛?還有比這更棒的嗎?撰寫設計員工福利手冊?這是我的謀生之道!等等。

最近我正在嘗試一些新的改變。我減低大腦藥物的劑量,目的是完全戒除,看看我未服藥的大腦是否真的那麼糟糕。我努力在生活中實現你的想法。沒錯,我覺得所有事物都無法讓我真的深感興趣。這就是我的現實狀況,很可怕。但我希望,當我結合 12 步驟計劃和你的想法後,可以得到的真正成果是知道答案並沒有「在某個地方」。關鍵在於我有勇氣和資源為自己改變,並嘗試以更有意義的方式過生活。

一個人如果沒有找到任何值得愛的東西,或任何可以投入意義的地方,要如何改變他的生活,以便增加他愛上並真正投入**某件事物**的機會?我提到的觀點會有許多工具和練習可用來進行這樣的改變,我將在第 18 章中說明其中的幾項。現在,先初步了解一下我們的聰明飢餓藝術家可能會嘗試怎麼做。

首先,他可能會有所改變或重新努力來承認這個問題。你表現得好像發現問題(例如酒精問題)是一回事,而真正承認問題的廣度和深度又是完全不同的另一回事。像這樣承認問題,結合了投降、接受和誠實,在戒癮循環過程

中是為人所知並不可或缺的一環。在這種情況下，他可能最終承認他尋求意義的方法無效，而新的方法值得仔細研究。我將這種新方法稱為基於價值的意義創造，我們的飢餓藝術家可能會主動研究這個方法。

其次，他可能會學習一些新語言以及了解新語言的含意。他可能會學習談論賦予意義和意義機會，並開始掌握這些詞彙對於意義的確切特性和地位的含義。他會坐下來，試圖闡述他的人生目標，說出讓他得意的努力，描述他想怎麼樣在世人面前表現自己，以及他想成為什麼樣的人，再以類似的方式為自己描繪一幅**自己的**願景，在這個願景中，他是自己故事的英雄，也是宇宙中對意義的唯一仲裁者。然後，在此舉個例說明這改變意味著什麼，他再也不會只是單純去上課了；相反地，他會仔細思考這門課有多大可能對他的人生目標有用，以及會不會意味著一個意義機會。

第三，他可能意識到並承認，他的後天性格中一定有一些元素，也許先天性格中也有，這些元素使得意義對他他成為真正的問題——因此，他必須真正注意他的性格，讓他的可得性格真的能**得以使用**，以便重新訓練和升級自己。他就像一個偶爾感到快樂但很難被快樂喚醒的人，他不得不意識到，自己在被意義喚醒這方面有先天上的困難，而這個被喚醒的責任其實直接落在他肩上。

簡而言之，他需要**站起來**。這裡所說的站起來，可以是一種勇氣的行為、一份承諾、對努力的接受，或者其他

方式,都是過程中很關鍵的姿態。當他把自己當成自己故事的英雄,以及自身在宇宙中唯一的意義仲裁者時,他其實就慢慢地站起來了。這段過程結束時,他就會發現自己站了起來。這姿態完全不同於跪下、冥想、陷在沙發裡,或在看得很開心的觀眾面前挨餓。他可能還不太確定他站起來之後**到底**要做什麼——但他肯定很清楚他已經站起來了。

接下來,他可能會列出他猜測或認為自己關心的價值觀和原則,不是為了排名,因為價值觀和原則無法排名,而是要重新喚醒他認為價值觀和原則很重要的感覺,而這些可能對他很重要。他看到自己面前的清單上列出**真理**、**美麗**、**善良**和**正義**之類的詞彙,可能有助於提醒他**為什麼**要站起來,以及他接下來**打算**怎麼做。列一張這樣的清單,是意義創造過程中很重要的一步。

關於這個意義恢復的過程,還有更多的實踐部分值得探討與說明。不過毫無疑問,每一位飢餓藝術家都以自己的方式成為飢餓藝術家。幾乎可以肯定沒有單一途徑會讓生活立刻變得毫無意義。扼殺意義的方法很多:不關心、不承諾、不找出勇氣、不選擇、不擊退惡魔、不站起來。但每位飢餓藝術家的恢復過程看起來都一樣。這牽涉到強大且有說服力的的典範轉移、心智模型改變和態度的改變,以及調整有關個人意義創造方向上的態度——有了這樣的**轉變**,就可以結束挨餓了。

本章提問

1. 你是否一直深感困擾,覺得沒有什麼事可以真的讓你感興趣?

2. 你是不是才剛投入某件事就對其幾乎失去興趣,即使一開始對其充滿熱情?

3. 造成這種情況的原因可能很多;你會將這個問題歸咎於什麼原因?

4. 你可能會如何改變對生命的看法,或你與生命的關係,使其潛在的意義機會可以經常(或至少有時)傳達出意義體驗?

5. 如果你極度堅信沒有什麼事情能真正引起你的興趣,你有辦法鬆開緊抓此信念的手嗎?

12
不合理地自尋煩惱
Unreasonable Self-Pestering

上一章我們探討了許多人常遇到的慘況,即生活沒有充足的意義。會發生這種慘況的原因很多,最主要是人們不知道他們必須創造意義,才能擁有意義。其次但極其重要的原因是,許多人,尤其是聰明人,會整天在腦中自尋煩惱,結果幾乎沒有空間留給意義。

這種煩惱不只是類似消極的自言自語。乍看之下似乎是完全合理的煩惱,你會提出一個接一個合理的問題,然後覺得必須回答每個問題。拿下面這個想像的例子為例,雖然有點誇張,但其實與許多聰明人的思考方式相差不遠。

你在熟食店購物時偶然發現一包看起來很漂亮的五香燻牛肉(pastrami);嘴巴裡開始分泌口水。你的大腦開始想,**哦,五香燻牛肉!真好吃!**然後你的大腦開始用照理來說合理地方式評估情境,讓你開始糾結:**五香燻牛肉的價格合理嗎?吃另一種生物是對的嗎?肉類有沒有過度加工?吃五香燻牛肉健康嗎?這些是最明智的熱量攝取方式嗎?還是應該多吃水果和堅果?我比較喜歡穀飼牛肉嗎?我今天已經攝取多少蛋白質了?這家超市會支付員工生活工資嗎?**等等這類的問題。

你可能會反駁:「但這些都是合理的問題。」確實沒錯。事實上,換成別人可能會有更多問題。但不管怎樣,都還是糾結在這塊五香燻牛肉!等到你走到乾酪的貨架時,膽固醇就會閃入你的腦中,或者糖果的貨架,在那裡會突然跳出糖尿病的資訊。這堆問題每一題本身可能都很合理——的確,每一題都合理——但是對於生活中的每一次選擇,真的有必要評估這麼多嗎?

如果針對那包五香燻牛肉提出的這些問題都很合理,那這個評估過程不就完全合理嗎?即使感覺好像瘋狂地自尋煩惱,以及問題多到過頭。那麼問題就變成,出現一大堆合理的問題時,如果問題多到一定程度,也許在評估過程的早期就已經如此,是否這類合理問題的數量已經多到造成不合理的生活方式?

這評估過程用某種利益的角度來看其實非常合理,但從另一邊來看,也可能意味著關注過頭。意思是合理的想法並不完全等於對你有用的想法。事實上,給定任何合理想法,都可能和對你有用的想法有天壤之別。會不會後者才是我們該多接納和支持的?

當然,目標並非變得不合理;也不是要變得衝動:**給我那包五香燻牛肉,該死的!** 也不是要表現得好像這些只是不應該擔心的小事,因為它們實際上可能影響很大:熟食肉的加工方式或超市員工的薪水是否公平,對你來說可能真的很重要。所以對你有什麼影響?如果這些想法很合理而非無關緊要,但**又是**對你沒用的想法,你該如何處理?

在回答這個問題之前，先來看一個自我攻擊性更強的範例，這是一個結合負面自言自語和非常合理的評價的典型範例。假設你看到的不是一包很完美的五香燻牛肉，而是你自己在鏡子中的倒影。你可能只是說：「嗨。」就這樣。你可能揮手和微笑。但你也可能想知道你的髮際線是不是後退了；你的雙下巴有沒有變厚；你是不是已經過了全盛時期，此後就會開始走下坡；你是不是現在變得又老又醜，已經錯過談戀愛的最後機會；簡而言之，鏡中的你是不是一種警示、控訴等等。其中有些想法也許相當合理：也許剛好提醒你，如果你還想要愛，你最好趕快去尋找，這可能是好事。否則難道要一看到鏡子就快速奔逃嗎？

　　聰明人可以用什麼標準來判斷一個想法是否合理且對自己有用？這個升級版的評估過程由以下這點出發：她提醒自己，想法的合理性不足以成為支持的理由；合理性只是一個標準。我們希望艾森豪總統能夠迅速拿走那包五香燻牛肉，或者快速地不拿五香燻牛肉，但無論哪種情況，他都繼續計劃諾曼第登陸（D-Day）。在那樣的情況下，我們不希望他因為他與五香燻牛肉之間的完全合理想法而折磨或拖延自己；我們希望他能繼續他最重要的意義事業。

　　所以概念如下：如果一個合理的想法無助於你的意義意圖（meaning intention），那麼它就不值得支持（也可能也不值得產生）。你會透過思考和支持那些有助於你創造意義的想法，來創造基於價值的意義，而不僅思考合理的想法。當你看到自己鏡中的倒影時，你可以仔細審視那個

身影，並用尖酸又激烈但合理的問題來審問它，或者你也可以直接開始為你的意義創造而努力。後者可以讓你創造更多意義並減少煩惱。

　　人們往往對這一點一知半解。關於思考，他們往往不太清楚許多相當合理的想法其實並不合理。所有這些合理的質疑感覺像是自尋煩惱和針對個人的盤問，因為在他們內心某處，他們意識到自己正在拖延速度，讓自己偏離追求最重要意圖的軌道上。他們能察覺到，這種源自於合理性的自我折磨沒有幫助，不符合他們的最佳利益，也並非真正必要。

　　但是，對於聰明人而言，要破除這樣的觀念**非常**困難，即合理的想法不需要──而且經常不應該──被支持，或者更好的做法是，甚至連想都不要想。就算你能說服他說這樣做就不會那麼焦慮、那麼痛苦，也比較不會浪費時間和行動，就算他同意他創造意義所付出的努力，會被思考和因應所有那些推定合理的想法所阻礙，他也很可能發現，他實在太難以不仔細檢視大腦產生的每一個合理想法。

　　不知道五香燻牛肉是否含有添加物會讓你感覺極度危險，不清楚超市是否少付員工薪資就會讓你覺得非常不道德。由於我們的合理想法常常攸關我們的安全和道德這兩項深刻顧慮，因此很難跟自己說：「那些相當合理的想法對我沒有用。」也許要謹記在心的畫面，是艾森豪總統仔細研讀食品標籤或上網搜尋超市的規章而非計畫諾曼地登陸。如果我們有意義要創造──我們確實有──而且假如

那些為了創造意義而付出的努力，源於我們的價值觀和原則，正如我們「創造基於價值的意義」這句口頭禪所示，**那麼我們就需要繼續那些努力。**

這一點有很大的誤解空間。你可能還在想，**可是合理的想法很合理啊，合理的想法怎麼可能是錯的？如果人們停止思考合理的想法會發生什麼事？現在的人還不夠不講理嗎？這不是一種愚蠢和無禮的滑坡嗎？不，聽起來不是好主意！**不知為何，這聽起來無法否認地合理。

如果你以為這是要在思考合理想法，或不信任、否認不合理性，這兩者之間選擇，就很容易誤解這一點。那些都不是選擇；相反地，選項是思考一個特定的合理想法，並繼續思考它延伸出的諸多問題，其中很多問題意味著自尋煩惱，甚至到自我折磨的程度，還是另一個選項，你該繼續以**更合理**的方式創造意義。每一次思考都有成本，而我們許多思考合理想法的成本可能顯然太高了。

當你決定不要一直糾結於五香燻牛肉、你在鏡子中的影像、你痛苦的過去，或你成功機會的合理想法時，你實際上是選擇了更合理的合理性——當然，除非那些想法對你創造意義剛好是必要的——比**更合理地**致力於創造意義還要必要。比起思考特定想法的合理性，有一個更高層級的合理性更需要思考：這更高層級的合理性是依你想要的方式生活。

這種合理的自尋煩惱有任何演化價值嗎？它是否提供了某種交配優勢，因為，開個玩笑，痛苦的舉止如此性感？

不合理地自尋煩惱　135

不。這種自我折磨並不具備演化優勢,而是演化的意外,是意識的人工產物。

當你演化出一種會思考的生物時,你演化出的生物會思考各式各樣的事,包括牠在宇宙中的位置(太低),牠的道路(太難),牠的成就(太少),牠的希望(太虛無),以及牠的日常(同時太繁忙又太空洞)。牠會思考各式各樣的事——包括一堆不合理或合理的想法。

思考生物沒有被賦予停止開關或簡單的認知調節器,牠只會繼續思考,比較像是將自己變成一台憂心忡忡的機器,而非思考機器。如果你想證明我們不是被有智慧地設計出來的,只要想像設計出一個像我們這樣的生物,會不斷地追自己的腳跟,並被自己的想法絆倒!如果我們是設計的產物,那應該是由一個非常喜歡綜藝節目的人所設計。到最後,所有這些合理的評價都變成一種深切的自我敵意,因為我們時不時意識到,我們花了太多時間支持成千上萬個合理但不必要的想法。

聰明人的思考能力優於一般人,所以這種人類會有的自我敵意思維更嚴重。因為她很聰明,所以她可能不僅會責備自己,還會想出巧妙的方法自我攻擊。她可能會無情地攻擊自己,同時提出非常好的理由,說明這樣的攻擊很正當。她能思考;她可以評估;她可以討論;她可以了解自己的價值觀和原則;她可以將一閃而過的想法變成精彩的結案陳述。她用多麼厲害的工具來反對自己!而且,又因為她很聰明,所以像她這樣的人,很可能會認為合理想

法的合理性,就是該接受這些想法的**原因**。

如果一個聰明人可以開始看穿她諸多合理想法的合理性只是想像的,那就太棒了。如果你有兩小時可以自由分配,而且對你來說,與青春期的兒子進行一場麻煩的談話很重要,那麼用這段時間去做一些其他煩人但合理的事情就不合理,例如去花園除草、安排一週的菜單、看世界新聞,或確保防雨窗的功能正常。你可以為那些活動提出理由,但說出來都很抽象又與脈絡無關。它們在這脈絡中是次要的,因此並非真的合理。

在這脈絡中,**想到**要去花園除草、規劃本週的菜單、看世界新聞或檢查你的防雨窗也不合理。在這個特定情境中,那些想法都是偏離主題、分散注意力,和否認的組成要素。如果你排練想對兒子說的話,並練習你面對他的否認、解釋和辯解時的反應,你就是在創造意義。如果你在網路上搜尋了一些與你兒子情況相關的資訊,你就是在創造意義。如果你預料會有這場壓力很大的對話時,練習你的焦慮管理技巧,你就是在創造意義。想想防雨窗或花園,無論對其整修狀況的擔憂有多麼合理,都是在曲解脈絡。

聰明人的自尋煩惱可能看起來**很**合理,因此某種程度上是必要的,甚至不可侵犯。但同時,他也知道自己在不必要地自尋煩惱。看到這樣的拉鋸,並嘗試以一種新的方式回應相當合理的想法,並且在內心想著以下問題,會對你非常有幫助:這個想法對我的意義意圖有沒有用?無論合理或不合理、真或假、負面或正面,只要你不把所有的

想法都與這個核心問題進行比較，那麼你就會在兩方面感到痛苦。首先，你必須處理因「合理」擔心防雨窗、花園、五香燻牛肉、新聞等事情而引發的焦慮；其次，你會感到內疚，因為你知道自己私下其實是用這些合理的想法安撫自己，並逃避更重要的意義創造任務。

如果對你來說，知道該對什麼事情賦予意義是個問題，如果你真的不知道哪些事物是重要、值得或意義重大的，那麼你就更難擱置這些糾結你的合理想法。以重要的層面上來說，你真的不清楚該如何回答這個問題，這個想法是否有利於對創造意義的努力？如果你還沒有完全釐清什麼事情值得你花時間，你就會受困於沒有方法可以判定一個想法**是否**值得你的時間。

我們於前文探究了決定如何創造意義，以及在何處執行的策略，我們將進一步研究更多策略。在這裡，先讓我重複標題：要停止不合理地自尋煩惱，掌控自己的想法就是過程中的一環，但同樣重要的是掌控對你來說真正重要的事。如果你不知道什麼是大事，自然就很難不為小事操心。當大事未知時，小事就顯得很重要。如果你目前還不知道什麼對你來說很重要，**請做出決定**。

這樣才能決定任務。

聰明人的大腦很可能會不合理地用一個又一個合理的想法糾纏自己，不停糾結，代價是犧牲有意義的生活。希望他們可以明白，合理性並不是支持某想法的唯一標準。更重要的是這個想法是否對他們的意義意圖有用。為

了查明這一點,他們需要決定他們的意義意圖,這時候煩人的糾纏可能會突然消失。它會奇蹟般地完全停止嗎?不會——合理的想法就是合理,我們得放任其中一些想法糾纏我們。但只要我們專注於意義,就可以大幅減少它們的數量。

本章提問

1. 開個小玩笑，你是否花了很多時間糾結在五香燻牛肉上？

2. 請用自己的話解釋，為什麼支持完全合理的擔憂可能意味著不合理的自尋煩惱。

3. 如果你要訂定標準來判斷某個合理的顧慮在特定時刻和特定情況下是否值得你關注，你會怎麼訂定？

4. 你典型的負面自言自語會是什麼內容？

5. 你想如何努力消除你目前遇到的大部分或全部的自尋煩惱？

13
評價的痛苦
The Pain of Appraising

我們探究了一些截然不同的方式,發現聰明人儘管很聰明,卻沒有注意到他的大腦受到引誘,無情地自尋煩惱,而且似乎無法清楚知道其他方面發生什麼事。然而,聰明人也能夠清楚地思考,至少有些時候如此。想得清楚、看得透徹,並利用他大腦現有能力的結果之一,就是看透他身邊不合邏輯和虛偽的事物——而這就產生一大堆重大的新問題。

首先,意識到大多數人都抱持著——可能是受到操控的——錯誤和危險的信念,這令人感到疏離和不安。如果你知道地球繞著太陽轉,而政府當局卻把信奉這種真實信念的人處死,那就是一場災難。如果你能看穿沙文主義口號,並破解把持選舉的政治論點,那同樣是一場災難。看得透徹會讓聰明人與社會格格不入;或者,如果他是另一種聰明人,這能提供他手段,憤世嫉俗地利用身邊的笨蛋。

數以億計的人相信,一位名叫諾亞(Noah)的人造了一艘方舟,並將世界上所有物種兩兩放上去,其中還包括恐龍——即使恐龍和人類的年代相隔數百萬年——人們想將這個故事當作科學來傳授,他們想進入每間學校的董事

會和各個立法機關,以確保他們的觀點可以普及,而現代社會的主流媒體依然認真看待這個觀點,可能只會稍微惹惱一個也許是從小就在宗教中長大、容易對宗教寬容的聰明人。但這卻會嚴重激怒並幾乎擾亂另一個聰明人,他深信這些觀點總是帶有威權的優越感和強制性的公眾意圖。

同樣也會讓聰明人感到荒謬的是,當各地的雜貨店貨架上都找不到食物,她的國家卻聲稱集體農場運作良好,或聲稱某一間公司很強盛,優秀又創新,但卻只付給員工低薪,並且隨意排放污染物。這種不實陳述會影響我們的大腦和神經系統;不僅會攻擊我們的感官,也會重挫我們的是非觀念,帶來痛苦和困擾。

當然,某個聰明人可能參與了這些謊言,為這些謊言加油添醋,甚至可能編造出這些謊言。我們將在第17章討論這個不幸的事實,聰明人不會僅僅因為聰明而形成一個美德共同體。聰明人的善惡多元,而且可以像其他人一樣顯現出盲目的自利。在本章中,我描述的是擁有進步價值的聰明人,他清楚地看到自己與社會上大部分人 —— 無論是宗教界、政治界或企業界 —— 有多大的差異,並因此而感到痛苦。

其次,他的洞察能力將迫使他看見**自己的**疏失和不足,及其處境的真相。他可能同時否認他所看到的景況,因為這樣的防禦機制也完全符合人性,但就算他極力否認他所見,他勢必還是會因為以下這些事感到困擾,例如,他的信念並不符合**邏輯**、他正在建造的房子超出預算、他正在

寫的小說中段劇情不夠精采、他兒子解釋自己的行蹤時聽起來很可疑等等。要是這些事情處在內心深處某個角落，就會困擾他。他可能會試圖盡快蒙上眼睛，但他所見的事物已經銘印在腦中。

例如，假設你決定去一家公司上班，他們生產沒人真正需要的可愛、溫和、無害的小飾品。你成了公司的行銷經理，每個月花一百萬美元宣傳他們的小飾品產線。你可以輕鬆總結出你選擇的優點：你擁有大量自主權；你可以思考怎麼做最能行銷小飾品系列，這需要運用你的聰明才智；你相當喜歡你的同事；公司每天都有供應美味的午餐；而且你老闆待你不薄。總而言之，職場氣氛很好，只是你忍不住會注意到花時間支持這些小飾品完全沒有意義。

當你看透自己正在做的事情時，你同時也會理解為什麼你要做這些正在做的事。

然後你回家，試著放鬆。假設你喜歡動作片好了，想像一部動作片，片中的英雄（我們被引導要認同這個英雄）在典型的電影追逐場景中正甩開壞人。我們的英雄正在逃命，而他身邊的汽車都撞成一團。有時候，很多人無緣無故受傷或喪命，只因為我們的英雄有拯救自己的自利觀念。在電影實境的脈絡下，我們支持他並忽略了這樣的殘殺。而在現實生活中，如果我們的兒子或女兒在那樣的混戰中身亡，我們就不太願意認同那個動作英雄和他的需求。我們可能會很想對他說：「投降吧，饒了那些無辜的人吧！」

在電影實境的脈絡中，我們完全站在他那邊——但內

心某處，我們看透了隱藏於其底下的控制。我們不僅可能突然不再喜歡這部電影，而且還可能因為道德上的過失，以及浪費時間讓自己陷入容易控制的領地，而對自己感到失望。**而且**我們可能會因為失去一項樂趣而感到哀傷。白天工作大部分的時間，我們的洞察力和正確評價的能力都讓自己感到不快；現在連夜晚單純的樂趣都令人感到不快了。

每當你退一步思考，進行評價時，你就有陷入自我糾纏深坑的危險。你踩進去的深坑可能意味著只是失去了單純的快樂，就像我們的動作片範例一樣。但每失去一點歡樂，都會讓我們變得更悲傷、更慘淡。你會覺得某位電視人物很迷人，但你也會看清事實，他的節目只是在讚頌大吃大喝。你喜歡從電視一窺美麗的宅院、昂貴的遊艇和百萬假期，但你會看出貪婪和財富分配不公才會成就這種奢華的生活。又一個單純的快樂和閒適的娛樂消失了！

這種評價與解構的天生能力有個重要的後果，就是你會在內心開始對自己產生懷疑。因為你有能力看穿一切，從你的工作選擇到你的娛樂選擇，再到你對宇宙的看法，你最終可能會不相信自己的想法、選擇、決定，甚至你的價值觀和原則。這種令人傷腦筋的能力有助於說明為什麼聰明人常常顯得優柔寡斷和猶豫不決，而且還像哈姆雷特一樣難以決定要活不要活，以及要不要做。當你善於解構，你就打開了懷疑之門。

聰明的大腦認為出於道德必要，不得不退一步思考並

進行評價的這種行為,會降低你全心全意支持任何事情的能力。在戰爭中,如果你退一步思考,將敵人視為一個人,這會大幅降低你射殺他的能力,但與射殺他的絕佳理由並不相矛盾。如果他想開槍射殺你,那麼建構一個和平主義論點、在內部爭論二等兵是否永遠不用為自己的行為負責,或者對於對方及其困境產生同為人類的簡單聯想,這些都不是明智之舉。當你有一瞬間要為自己辯護,就需要應付大量糾纏著你的評價。

你會明白為什麼評價會導致意義流失。在我們開始思考小飾品有多麼無意義之前,我們或許還能夠感受到工作的意義。在解構娛樂活動,覺得它們是疏失而不是度假之前,我們或許能將空閒時的娛樂視為有意義的美好假期。在我們想得太清楚,認為敵方的處境也同樣站得住腳之前,我們也許能感受到我們服役是有意義的。當我們退一步思考並評價時,我們看到的是對自然之道的更純粹的願景,這感覺就像是對虛無的願景。我們變得更明智、更憂鬱、更拿不定主意。

對於這種必然的、正直的、有時有用的解構能力,但同時也是一種自尋煩惱的才能,我們該衡量怎麼做?我們能做的就是真正學習一種技能,也就是創造基於價值的意義。除非我們非常擅於在出現意義危機時,回歸創造基於價值的意義,否則當我們連自己的價值觀和對世界的理解都開始質疑,我們可能會懷疑自己到無法動彈和感到絕望。然而,假如我們擅於創造基於價值的意義,那麼我們就知

道**這一切即將發生**，也知道該怎麼做：重建我們剛剛解構的意義。

如果你剛剛清楚地看出來你正在寫的小說不夠好，你就會提醒自己，依你所見，寫作是你最主要的意義機會之一，你務必要把這部小說寫得更好，或者開始一部新小說。你不會懷疑寫作、你的寫作意圖或宇宙。如果你看透了正在觀賞的動作片，你會決定閉上眼睛，不顧一切地享受它，或你決定繼續過完這一天，而不用指責，或開始大肆懷疑意義。你不會把你想要拿放鬆的合理渴望，和你不幸容易被控制的脆弱，拿來控訴你自己、你選擇的道路或宇宙。

如果你看透了你銷售的小飾品有多麼無意義，你會在情況必要時露出嘲諷的微笑，並決定尋找新的工作，不然你就享受公司供應的美味午餐，同時思考有什麼意義機會能增補你不太有意義的正職。你不會去認為人生很荒謬，開始討厭自己、你的老闆和你的選擇，或回家後把你的絕望發洩在孩子身上。

你環顧四周，決定在哪裡以及如何重新投入意義，或者在哪裡以及如何創造新的意義。在你的評價與解構能力旁，一定有同等的能力可以重建與修復意義。身為聰明人自然會對事物提出質疑，我們不應該感到驚訝、害怕或感到威脅。我們只是做出下一個最佳的揣測，例如，我們是否可以再花一年時間銷售小飾品；如果我們認為可以，那我們就會整理我們的態度、我們的可得性格、我們對意義的看法、我們額外的意義機會，以及我們需要整理的所有

其他東西，整個團隊一起努力，以便在小飾品的世界中創造意義。

你可能對自己的意義選擇感到肯定，並為自己的意義選擇投入大量精力。或同樣有可能的，是因為你可以評價、解構和懷疑，你可能會對你的意義選擇感到不確定，也不特別投入你的意義選擇。在那種情況下，你必須加倍警惕，你要對自己人生中的意義負責，你的懷疑意味著意義外漏、流失，甚至危機，你必須運用你的聰明才智，利用許多可用的原則和實踐來支撐意義。

舉例來說，一個有用的做法是晨間意義確認。這個概念是花一點點時間，只要幾秒鐘就好，為自己確認你在那天想製造哪些賦予意義，你想抓住哪些意義機會，以及你想將一天中的哪些部分指定為意義空檔期間——即這段期間不需要產生意義的心理體驗。

例如，你在某天進行晨間意義確認時，你可以決定是否這天就要鼓勵自己深入評價這份關於小飾品的工作。如果你認為不是這天，那你就放輕鬆，接受你的決定，期待與同事有一些愉快的互動，和一頓豐盛的午餐，並承諾不要自己糾結於小飾品對你是否有意義。如果你決定就是這天——如果你判定你真的必須解決小飾品工作沒有意義的問題——你就盡可能清楚地向自己闡述你的打算：找一份新工作或新職業，跟老闆討論關於是否可以對小飾品添加一些有價值的特色等等。

不管哪一天，針對你的小飾品工作都有三個選擇：你

可以輕鬆以對；你可以說出你打算用來支撐意義或創造新意義的具體步驟；或你可以感到不確定，並以沮喪、無精打采、有點想吐的方式開始新的一天。三個選擇中的最後一個顯然是最糟的。選擇重新對目前的選擇賦予意義，或選擇做出新的選擇，都比生活在沮喪和懷疑中要好。

在第一種情況中，你會停止對這一天的評價（用我們希望擁有但其實沒有的停止開關，但我們正努力透過意識訓練來培養它）並享受這一天。如果你選了第一個選項，你實際上就**不再糾結於**自己目前的選擇：你利用你的意識訓練和認知技能讓你的大腦免於繼續攻擊，也免於讓你在原本非常美好一天中感到傷心。你也不希望因為一些小事而引發新的評價和懷疑。例如，如果你比較喜歡炸薯條而不是甘藍沙拉，但午餐有甘藍沙拉，那麼這個理由不足以讓你開始爭論你的工作是否夠有意義。你已經決定，今天你不會參與所有的評價、解構和懷疑；因此，你千萬別讓甘藍沙拉毀了你得來不易的決定。

在第二種情況中，你決定享受這一天，**並**重新為意義努力，也許是利用午餐時間思考你的下一個選項（同時享受你的工作提供的美味午餐）。

一個聰明人，即使她總是忍不住看穿、評價、解構——即使她清晰的思維使她與社會上大部分人意見相左，即使她心存疑慮，仍然可以積極地過生活。她可以任哈姆雷特獨自在艾辛諾爾（Elsinore）的城牆上踱步。她的評價能力既為她所用但又困擾她，這就是她手上擁有的能力。她可

以看得很透徹；她看得太透徹了；她太常看得太過透徹。但即使她的價值觀在人生巨變之下產生變化，她也可以維持自豪、堅定不移的承諾，致力於創造基於價值的意義。

本章提問

1. 你經常看透人生嗎?

2. 定期(或甚至不斷)評價和解構的正面後果與負面後果是什麼?

3. 你能想出一個方法來減少負面後果,同時保留正面後果嗎?

4. 你的評價癖會產生許多懷疑嗎?如果會的話,你可以怎麼做來減少懷疑,或更好地處理產生的懷疑?

5. 你的洞見、評價和解構是否會讓你的意見與社會上大部分的人不同?如果會的話,你想怎麼處理因此產生的疏離、真實世界的困境,也許還有暴行?

14
神蟲症候群
The God-Bug Syndrome

　　我們人類的演化來到一個很有意思的時刻，第一世界文化中的聰明人會受到兩種矛盾的感覺困擾：第一，他是大自然創造的一種特殊生物，第二，他完全不特別，只是在這裡停留一段時間的激發物質，之後會再次離開變成宇宙的暗物質。

　　第一個感覺會讓他變得自大，使他想要挺起胸膛打扮一番。第二種感覺讓他想鑽進洞裡，不拘小節，或是懶洋洋地坐在沙發上。一個生物受到如此矛盾的衝擊有多麼不幸！

　　這兩種感覺會讓一個人推導出以下兩個結論：雖然他也許相當聰明，但他仍然像一隻蟑螂，被困在一個對他的目標來說確實不夠大的大腦中，也許被困在一個學門的一角、一個研究領域、一種文學類型，或其他小地方，受他的生物性所困，也受生命的渺小所困。

　　我想把這種現象稱為神蟲症候群（god-bug syndrome）：這種偉大與渺小並存的感覺普遍甚至盛行，如今困擾著當代很多人。

　　用老派的話來形容，這並不是某種精神病或神經質的

信念。這是一種相當合理的擔憂，用兩種方式看待生活，一種是極其特殊，另一種是無價值得可憐。兩種角度雖然相互衝突，但卻完全真實且適當；一個人幾乎每分鐘都可以在這兩種觀點之間循環，前一秒感覺有能力應付生活，願意面對生活中的挑戰，但下一秒卻感到可悲地笨拙，無能到甚至無法考慮下一刻的晚飯。

這種合理的自傲和合理的自憐相結合，可能是一種對自己特殊性而言完全健康的自戀依戀，卻與存在的現實發生衝突，使人們在上一刻還看起來很有自信，下一刻卻顯得無能，上一刻充滿幹勁，下一刻卻很冷淡，上一刻神智清醒、勤奮工作，下一刻耽溺於成癮物質。一個人怎麼可能上一刻充滿生命能量和偉大的計劃，下一刻卻想自殺呢？由於神蟲綜合症，她可能完全就這樣循環下去。

令人驚訝的是，同一個人可以感覺自己如此偉大又如此渺小。但我們的確一直看到這樣的景象，許多聰明人顯現出的長期憂鬱、情緒波動、努力和無力的循環，以及私下自我安慰的惡習就是證據。這位大學教授以其理論和成癮聞名；這位畫家到處開展，在家裡是長期囤積者；這位物理學家白天表現傑出，晚上是失眠夜貓子；這位律師在法庭上辯才無礙，但體重卻暴增至 300 磅。這就是正在發生的神蟲症候群。

傳統心理學認為這種緊張是一種障礙，創造了諸如**誇大妄想**（delusions of grandeur）和**自卑情結**（inferiority complex）等名詞，試圖描繪出這種所謂的病理動態。但實

際上，我們談論的不是病理，而是一種強烈的衝突性認知，一邊的認知值得我們奮起，另一邊的認知則是我們只是世界的過客：一邊的想法是我們很重要，**同時**另一邊的想法是我們不重要。這是真實的而非病理性的認知。每個聰明人都擁有這樣的理解，且禁不住為這樣的理解而感到苦惱。

這種症候群在過去確實被病理化了。引用佛洛伊德的門徒阿德勒的話來說，我們所見的是由隱藏的自卑情結所驅使的優越情結（superiority complex）──或是由隱藏的優越情結驅使的自卑情結。阿德勒這樣說：「如果我們看出自卑情結時，發現或多或少隱藏著優越情結，我們不應該感到驚訝。另一方面，如果我們探究優越情結，研究它的連續性，我們總能發現或多或少隱藏著自卑情結。」阿德勒的神蟲由兩個情結組成。這種現象很不幸，而且從存在主義的意義上來說很荒謬──但我們並不將其視為一種精神疾病。

這是我們**料想中**的事。阿德勒將自我膨脹稱為優越情結，精神分析思想家卡倫·荷妮（Karen Horney）稱之為自我理想化（idealization of the self），而自我貶損（self-deflation）被阿德勒稱為自卑情結，荷妮則稱之為壓抑自我（despised self）──這兩者的評價位於被圍住、隔離的無意識之處，使那個人不會接觸到自己的自我膨脹和自我貶損──我們反而一方面將其視為特異和獨特經歷相當合理的產物，另一方面則視為意外事件和缺陷。

我們**是**神蟲。這就是我們人類目前這個實驗模型的本

質。

讓我們提出一種擺脫這個困境的方法——或如果沒有辦法擺脫這個困境，也可以提出一種盡可能有效處理它的方法。如果你建構了一種將這些問題考慮在內的意義觀念，使得你基於價值的意義創造會考量到你的下一個成就和下一次失望，你就可以擺脫你的高傲，也能從泥土中爬起來。掌控你的意義建構，你就能維持穩定的自我認同，其特徵是新的謙虛**和**新的力量。

你的大腦能將許多想法概念化，如能量與物質之間的關係這種抽象概念也行；它能產生一連串的文字和一連串的音符，誘發驚人的情感；它可以將自己置身於浩瀚宇宙中，看見自己的生與死；它可以想像、計算、記憶等等。它必須感覺很特別。同時，它很清楚自己的極限和轉瞬即逝的本質。這種神蟲症候群完全正常，如我們這樣的生物會經歷這些也完全是意料之中。現在我們務必處理它。

以下兩段分享說明了這種令人痛苦的自然現象。桑德拉表示：

> 我爸媽總說我非常聰明——我們家每個人都很聰明，但我是最聰明的。也許這應該讓我感到高興，但我並不覺得自己真的有那麼聰明，比不上學校裡那些數學計算速度或背誦速度超快的孩子，尤其更是比不上我在學校看過或在閒暇時讀到的天才。我有點著迷於閱讀這些天才的文章，因為我強烈懷疑自己有哪裡像他們一樣，我想我是想

對自己確認這一點。

所以我對自己心想，**我在哪個領域可以當聰明人，但又不需要是真的超級聰明？** 我決定成為一名音樂會鋼琴家。這聽起來很有文化，即使不是我爸媽希望我成為的醫生或律師，但至少這種工作會讓我聯想到醫生和律師。即使當時我還是個小女孩，我就知道我做了一個非常奇怪的決定，這個決定一定跟我感覺自己有點特別，但又沒有特別到足以嘗試厲害的事有關。所以我最後選擇了也許是我這輩子選過最困難的事，因為我不喜歡練習，而且我有表演焦慮。

我的鋼琴彈得很好，人們會稱讚我，我最後進了一所很棒的音樂學校，有一部分的我開始覺得自己有點了不起——我甚至記得我如何放棄其他非古典的樂器和曲風，我想多數人可能覺得我有點自大。但同時，我並未真正感覺到有什麼特別。我覺得自己更像一個侷促不安、不專心、孤獨的人，走在一條毫無意義的道路上。

最後，也幸好，我開始意識到我永遠不會成為一名偉大的獨奏音樂會表演者，當時我有點崩潰。但我得說，我也差不多需要那次的崩潰，我一直生活在一個奇怪的謊言中，如果我還想繼續過這種生活，我就必須用合理的方式回答所有這些關於我是否偉大或什麼都不是的問題。我那一年過得很糟，甚至不得不搬回家，那裡當然就會一直聽到有人說我要改行當律師還不算太晚，而且對我來說多麼容易，因為我如此聰明。

在那段艱難的時期，我開始明白到底發生了什麼事。我既不是女主角也不是廢物；我只是一個不太了解自己、需要深刻改變自己與人生關係的人。我不僅開始思考我能做的事，也開始想我能走的路。我不太擔心下一份工作，而是關心我能否成為最好的自己。同時，我做出堅定的決定，我不會對自己可能的選擇過於熱衷或過於不屑；我只想冷靜地思考我的未來會是什麼樣子。這花了我好幾個月的時間思考——幸好，在這段反思的時期，我有父母的家可以住，還有資源可以輔助我。

　　我意識到我想要有愛和生活，以及可以為世界提供一點貢獻。這聽起來很簡單，但這樣的謙遜對我來說很新鮮；我發現自己在微笑。我不需要超級偉大，也不需要一無是處。我決定開始一個彈鋼琴的小型事業（實際上是彈奏我可以隨身攜帶的電子琴），並向任何想聽我講話的團體談論女作曲家。我會去小學、養老院，甚至大型研討會。結果，我真的愛上音樂了。

　　這份動人的工作賺不到什麼錢，如果沒有我父母設立的信託基金帶來獨立的收入，我真的無法繼續下去。我十分明白擁有這種環境的我有多麼幸運，但這件事並沒有讓我成為主角，也不會讓我成為失敗者。我選擇的道路對我來說有意義——它是有用、真實、感覺良好的生活方式。我還想要嘗試其他事情，讓我成為自己希望成為的人，但我也堅信我已經有不錯的開始。

電腦工程師傑瑞德說道：

我從小就知道我真的很擅長數學。我有那種頭腦，我很小的時候就很清楚這一點。我心算各種計算題的速度比其他人更快更好。我為這種能力感到得意，並且對此感到非常驕傲。同時，我毫無常識，跟周遭的一切對不上調。我的父母可以對我隱瞞任何他們想隱瞞的祕密——我就是完全沒有察覺能力。你很輕鬆就可以把布魯克林大橋賣給我。我對自己的認識完全就只有我知道我很會算術。因此，兩種強烈的感覺內建在我心中，覺得自己很特別又厲害，但我也很惡劣、讓人難堪的天真，而且因為我很笨拙和怯弱，某種程度上也不討人喜歡。

我還記得我列了清單，寫著我該如何變得更像男人、如何獲得更多常識、或更了解我周遭的環境。真可悲；我很可悲。我的穿著很滑稽；我的髮型很可笑。但我在學校很風光，贏了所有能贏得的獎項，並且朝一些高薪的電腦工作努力，或者更高尚的，一些可能讓我賺進數十億美元的新創想法。我身邊的孩子對我有一種直覺，覺得我是一個可悲的廢物，但也可能成為億萬富翁——以及他們的老闆。很奇怪。我既被排擠，又被當偶像崇拜。

我的大學生活慘到不行，但當我進入真實世界，生活開始變得更順遂，我的思考能在此力實際上獲得重視。但是，即使因為我受到重視又可以大展身手，使生活變得順遂，但只要是與電腦或新創公司無關的事，我還是一團

糟。我酗酒太多,儘管我對酒沒渴望,我也吃得太多——這才是我真正自我療癒的方法。我沒有女朋友,沒有真正的朋友,我對世界上發生的任何事情都無感。

最糟的是,我開始收集漫畫;感覺既可悲又可笑,而且我知道我成了某種瘋狂的囤積者。有一天我突然想通了;我意識到,我選擇了一條阻力最少的路,我只需要專注在我的頭腦而不是我的心就好。想通這件事彷彿點亮了一盞燈。我賣掉所有漫畫——我這輩子從沒做過讓我感覺這麼舒暢的事情。我加入交友網站,雖然每次去約會都覺得自己像個白痴,但我還是去約會了。慢慢地,隨著時間過去,我感覺自己變成一個人。好吧,說實話,不只是這樣——我開始覺得自己像個男人了。賺錢從來都不是問題;生活才是。現在我正走在真正活著這條更艱難的道路上。

聰明人有無數的機會稍微變得自大,並開始朝向傲慢、誇大和不健康的自戀。同時,聰明人也一樣或更容易感到自己被小看、比別人差、無助和完全不重要。聰明人有時忍不住對世界露出諷刺的做作笑容或嘲諷的微笑,但當她從覺得自己很了不起,暴跌到覺得自己卑微許多的地位時,臉上的表情會馬上變成痛苦的鬼臉。

聰明人互相扶持可能有助於減輕這種痛苦。但聰明人並不能造就一個村莊。佔世界人口15%的15億絕頂天才,並不等於是個相處融洽的團體。他們個性各異,雖然可能

算數很快、富有想像力或擅長抽象思考，但他們不是兄弟姊妹，一點都沾不上邊。

也許有個聰明人極端自私，而另一個聰明人會同情她的人類同胞。有個聰明人發現自己因焦慮而感到困惑，另一個聰明人會只有感到一點點焦慮，並懷疑他們的朋友抱怨的焦慮是否屬實。有個聰明人沒有經歷過任何特定的意義問題，直接進入定期為他帶來意義心理體驗的生活，以至於他不知道為什麼要對意義的問題大驚小怪──而另一個聰明人會經歷長時間、嚴重的意義問題。聰明人莫衷一是。

他們發現自己屬於右派、左派以及介於兩者之間的任何地方，遍佈各行各業，並顯現出每一種人格特質。正如資優生組織門薩所說：「除了高智商之外，門薩的成員沒有任何普遍的特徵……。至於職業，範圍廣得驚人。門薩有教授和卡車司機、科學家和消防員、電腦程式員和農民、藝術家、軍人、音樂家、工人、警察、玻璃吹製工──各式各樣的名單不勝枚舉。」還包括可以想像得到的各種人類。

除了天資聰穎之外，沒有什麼特別的共通點將這個有 15 億人的集團聯繫在一起。就像高個子不會因為身高而形成親和團體（affinity group）一樣，聰明人也不會因為聰明而形成親和團體。就像高個子可能面臨某些相同的挑戰──他們需要提防吊扇的葉片和低矮的門框，而且必須容忍常被人問「你打籃球嗎？」──聰明人也有某些挑

戰。畢竟,這就是本書的前提。但就算他們有某些相同的挑戰,也不會使他們組成一個村莊。

事實上,你遇到的另一個聰明人,不僅不會自動成為朋友或夥伴,而且可能抱持與你截然相反的信念,甚至可能證實是你的敵人,這又會令你更加痛苦。許多聰明人渴望加入共同體,即使他們知道自己不一定是好村民,即使他們有些懊惱地意識到,雖然他們支持人道機構,但他們並不特別喜歡人們。他們猜想其他聰明人可能會組成他們所尋求的共同體,但他們沒有,這馬上出現又一次的自我膨脹和又一次的自我貶損。沒有那個村莊,你再次顯得孤獨而渺小。

簡單來說,該怎麼辦呢?你既不接受這種感覺,也不接受這種狀態。正如你希望花更多時間創造意義而非監測自己的情緒,你也希望意義勝過身分。你想花更多的時間去創造意義,而非根據某種重要性尺度來定位自己;你並不處在這個尺度的其中一端或另一端:你只是(而且相當重要的是)一個人。那就是簡短的答案——我們很快就會看到更長的答案。

本章提問

1. 你經歷過這種神蟲狀態的拉鋸嗎？

2. 你認為該如何嘗試治癒或改變它？

3. 在這樣的拉鋸中，你傾向於神的一面還是蟲的一面？

4. 如果你確實更傾向於某一方，你認為這種傾向的原因是什麼？

5. 如果你不想成為神蟲，你想要成為什麼樣的人？

15
有效地掌握意義
Coming to Grips with Meaning

　　如果你很聰明，意義對你造成的問題可能會多過其他人，因為你有能力形成抽象概念、理解現實的現存本質、評價宇宙的運作等等。但是，如果你開始理解意義的確切本質，意義對你來說就不再是一個問題了。

　　你終於可以不再苦苦渴求意義成為某個不同於其實際模樣的東西，而是安頓下來，每天都在創造以價值為基礎的意義，並放棄尋求意義的需要，或不耐煩地等待意義出現。因此，你可以裁決生活的意義，這樣一來，你就能減少沮喪，並開始解決我們迄今為止討論的諸多問題。

　　關於意義，我們有以下觀點。首先，意義主要只是一種心理體驗（psychological experience）。當我們運作中的主觀經驗對其有一些有共鳴的特性——也許是一種公正的感覺，也許是海洋般的特質，也許是一些綜合的性質，也許是一種重要性的感受，也許是一種喜悅或愉悅的感受——我們就有了生活有意義的感覺。這就是意義的心理體驗。在這樣的時候，生活感覺好像很重要、有意義、沒問題等等。

　　因為人類未受訓練來將這些視為意義體驗，也因為我

們沒有關於意義的強大詞彙,所以我們常常沒發現自己剛剛擁有了意義的心理體驗。我們可能會花一個下午微笑著走在法國小鎮的後街,因為這段過程激起我們內心的某些感受,然而卻不把那個下午**算作是**意義的心理體驗。我們**擁有**這樣的經歷,但我們不太清楚如何為它分類,或將之算作如此。因此,我們大多數人都不經意忽略了意義的心理體驗,而且在某種程度上抱著懷疑的態度。

這是需要謹記在心的一個重點,因為當你開始評估生活是否夠有意義或不夠有意義時(我們稍後會談到這個概念),很容易認為生活是場騙局且不夠有意義,因為你不曾注意到或相信所有曾經歷的意義的心理體驗。生活可能比你想像得更有意義——你也許沒有發現過這點。

這些意義的心理體驗可能會出其不意地出現,也可能是因為我們主動邀請而出現。你可能因為在那法國小鎮處理一些事物,而意想不到地經歷了意義的心理體驗。或者**因為**你主動決定去那裡旅行,且因為你假設你在那裡的時間會激發意義體驗(經證實無誤),而享受了那個有意義的下午。也就是說,在沒有任何保證的情況下,你只憑直覺就訂了這次法國之旅,努力想要創造意義,而你最後獲得了意義體驗。在第一種情況下,你感受到的意義是意料之外的;第二種情況,你是特意前往那裡,透過採取必要的行動實現你的意圖,你創造了意義。

接下來,我們要談的是將意義視為**評價**。為什麼即使特定的心理體驗有意義,我們卻不認為它有意義?我們可

有效地掌握意義　163

能因為已經認為**生命本身**毫無意義，是一種欺騙、詐欺等等，所以不認為這種經驗有意義。對照那些負面評價來衡量我們所有的經歷，可能已經使我們養成一種不好的習慣，認為我們所有的經歷都是毫無意義的。用格言來說，沒有任何經驗能使虛無主義者覺得有意義──也就是說，對已經認定生活毫無意義的人而言就是如此。

試想以下比喻。假如因為你經歷了太多痛苦或失望太多次，你判定生活中沒有什麼真的令人愉快的事，那麼你可能會立即把可能有機會感到愉悅的經驗判定為酸楚。你會不斷地為為自己澆冷水。我們如何評估人生很重要，因為我們會就著這份對人生的評估體驗人生。如果這份評價是負面的，那麼就沒有什麼事情可能讓你感到正面。的確，許多被貼上**憂鬱症精神障礙**標籤的人，實際上是對生活不斷抱持負面評價。

為什麼你會如此嚴厲地評估人生？也許因為你小時候不被愛，也許因為你必須花費大量時間謀生，也許因為你從未遇到靈魂伴侶，也許因為你目擊不道德的行為獲得獎賞，而善良的行為卻受到懲罰，也許因為你有從未實現的夢想和從未實現的目標，也許因為你對生活有**更高**的期望──從生活中得到更多，從別人身上得到更多，從自己身上得到更多。再加上我們目前為止討論過的所有聰明會遭遇的挑戰，我想你已經知道，認為生活是一場騙局有多麼容易和自然──也許比起把它評價為值得，這樣更容易和更自然。

非常多人都這樣評估生活，然而卻沒有意識到自己已經做出那樣的決定，也沒有意識到那決定會帶來多少不幸的後果。我們創造意義的方法之一，就是拒絕消極評估生活，即使我們有充分的理由這樣做。即使你有充分的理由覺得生活是一場騙局，但為了**體驗意義**，你務必評估生活是否值得活。你必須決定，生活很重要，你的努力很重要，且你很重要。即使你過去曾感到非常失望，即使你發現生活很辛苦而且得不到回報，你能想辦法以正面的方式看待生活嗎？務必與自己進行這場對話。你必須拋出這個問題，如果你幸運的話，你會決定**無論如何**，生活都很重要。

　　如果你對生活做出負面的評價，或如果你決定除非生活看起來有特定的樣貌（比如說，公平）或者為你提供特定的好處（比如說，成功），否則你就將人生視為一場騙局，那麼意義的心理**體驗**就不會降臨在你身上。如果你心想自己應該要住在城堡裡，那麼一間溫馨的小屋還會讓你感到迷人嗎？如果你認為自己應該要寫出偉大的小說，那麼你能從一段紮實的寫作段落中獲得多少意義？如果你認為生活對你索求的事物超越了迄今為止它所帶給你、或超越它**所能**提供的事物，那麼你自己的意義體驗可能還不夠多，或者對你來說不夠好。

　　這不等於融合這些想法的人必須學著安定下來。他反而會試圖通透思考，意識到在他努力精心地進行這些評估時，真正應付的是自己的性格、自己的渴望、自己的思考

有效地掌握意義

習慣和自己的恐懼。因為他知道，他如何評估生活會影響他如何看待自己的經歷，他的評價能不能為他提供每一刻的動力，他的評價會決定他是否願意按照他的原則生活。他嘗試了一項奇怪的工作，是深思熟慮決定他是否可以更積極地評估生活。也許，只是也許，他能找到方法實現——也許，也就是說，他可以站在肯認生活很重要的這一邊。

因為我們人類把那些令我們心煩的知識隔絕在外，所以我們很可能不知道自己早已將生活視為毫無意義、騙局和詐欺。我們可能會勤奮地在小農場耕種，或每天乖乖去上班，但不願意特別注意我們認為自己的生活很荒謬。也許可以料到，我們會從自己的行為中得到一些線索——我們喝很多酒、我們服用抗憂鬱藥、我們在腦中幻想著報酬——但我們並沒有從這些行為中推論出任何合乎邏輯的結論，而是繼續裝裝樣子、敷衍了事。非常多人，尤其是最聰明的人，都用負面的觀點看待生活，但他們以為留意到這件事對自己沒好處，或因為感到難為情而否認對生活比倒讚。

我們認為有留意到這件事是好的——非常好——即使留意到這件事會帶來痛苦。她知道如果她把人生視為一場騙局，是詐欺，是毫無意義又荒謬的東西，那麼她必然會不假思索地拒絕意義的心理體驗，甚至認為不如單純的經驗來得重要——她只會把它們視為最微不足道的經驗。她甚至會把它們當做是人生作為一場騙局的證據，因為它們證明，除了某種偶然的經歷之外，人生其他時候都只是一

片廣大的虛無。

另一方面，如果你為自己描繪了不同的場景，你不只把人生概念化為一份計劃、一份義務、一個讓自己感到自豪的機會，甚至是一場冒險，而不是一場騙局和詐欺，那你會發現，你會更常體會到意義，而那些意義體驗開始受到重視。進一步來說，堅持這種嶄新、正向的觀點，你會意識到意義作為某種問題的狀況甚至開始漸漸消失——為了讓自己感到自豪，你必須專注在展現你的價值觀和原則，當你這麼做，意義的問題就會開始消失。

接下來要討論的是把意義視為一個想法。人類，尤其是聰明人，能夠思考並形成抽象的想法。他們不僅可以感受到喜悅，而且還可以概念化喜悅的**想法**。同樣地，他們不僅可以體驗意義，還可以概念化意義的**想法**。

如何概念化意義很重要。如果你認為它是身外之物，而且需要追蹤和搜索，那你就擁有了一個關於意義的想法。然而，如果你如我所描述的方式理解它——它是一種主觀經驗，它有時會出其不意地出現，甚至哄一下就出現，當它不存在時，我們必須嘗試創造意義，而非尋找等等——那麼你對意義的想法就非常不同。不用多說，你對意義的看法非常重要——事實上，它完全支配你會如何過生活。你如何解釋意義，會決定你如何度過你的人生。

你理解意義的方式會影響一切，無論是你從生活中的小事獲得多少快樂，或你多麼努力展現你的價值觀和原則。我想我所提倡的意義構想，透過忠於生活並將意義交還到

你手上,有助於你活得更有目標、更豐富、更快樂。儘管如此,**你**會形成**你**對意義的想法—無論你對意義有什麼決定,都會支配你的生活方式。

切記,生活不是為了滿足我們的意義需求;它只是時不時為我們提供意義體驗。沒錯,我們可以努力建構我們的意義——而且我們應該努力。但這些努力無法保證任何結果,而且我們可能無法經常產生意義體驗。試想以下情況:你發現自己的工作令你感到無趣,每週有 60 個小時的時間都花在沒有意義體驗的經驗上。你也會發現自己處於一段行不通的感情中,與另一半相處的時間也無法提供意義體驗。處於這種情況的人會覺得意義是一項巨大的挑戰,因為實際上她所有的時間都花在沒太多意義或沒任何意義的事情上。

從第二個層面上來說,意義也是一個挑戰。好比說,一旦你將負擔添加在一段經歷上,你需要它感覺有意義,那可能就會降低其提供心理體驗的能力。假設你開始寫一本小說,因為你內心湧起寫那本小說的衝動;你不會思考寫小說是否有意義——你直接就開始寫作。**那樣的**經驗完全有可能為你提供意義的心理體驗。然而,假設你渴望意義,並有意識地決定寫一本小說會成為你創造意義的一項活動,而且你料想鑽研寫小說這件事會為你帶來意義的心理體驗。在這樣的情況下,也很諷刺的是,你也許不太可能體驗到意義。出於自我意識,要求一項活動要**感覺有意義**,可能會降低其真的感覺有意義的可能性。

你希望創造意義，但你也不希望為了需要它們**感覺**有意義而加劇你的努力。這不是悖論，而是觀感的問題。你可以**希望**某件事帶給你快樂的感受，而不強迫它務必產生這種感受。你可以希望你的假期會過得很愉快，也許是因為你打算盡力享受日光浴，但不**要求**假期必定令人愉快。再來，如果你在當地時剛好每天都下雨，你可能仍然可以享受假期，因為你對所有日光浴都不感興趣。同樣地，你可以**希望**特定的意義機會可以產生意義體驗，而不用強迫它**要求**產生這種感受。

你不能強迫生活有意義，你也不會想試圖強迫生活有意義。你反而希望有意識地決定你認為需要付出哪些努力，才是基於價值的創造意義，然後你就會想要**放鬆**。這種深度放鬆是一種哲學態度，可以**翻譯**為：「我選擇做接下來這件事，因為我認為它有價值；而且誰知道會有什麼後果。」創造意義的重點在於選擇、重視和實踐——該來的總是會來。記住這就是創造意義的涉入的事物，那麼就算你沒有碰巧從活動本身中體會到意義，你也會因為做出選擇、重視和完成某件事而感受到自豪的感覺。

恰恰在這個層面上，意義是一個巨大的挑戰——雖然我們使用「創造意義」和「營造意義」等語句，但我們真正提倡的是特定類型的努力，因為我們不能保證結果會是特定類型。有人欣然接受我們的構想，推算她重視和看重的事物，為自己指明意義的方向，付出必要的努力，然後放鬆。我們最一開始的前提是，人類天生就能體會幾乎一

有效地掌握意義　169

切有意義的事物，但當我們是因為遵循自己的價值觀和原則而感受到意義，而不是意義在我們內心不請自來地出現時，我們會**更**尊重自己。也就是說，我們專心創造的、有原則的意義，是我們最寶貴的意義。對聰明人來說，這種觀點非常重要，有助於因應我們至今為止討論過的挑戰。

本章提問

1. 我們主要將意義視為一種主觀的心理感受。如果你認同這個觀點，你認為它對生活有何影響？

2. 如果你不認同這個觀點，那你的看法是什麼？

3. 你認為生活流露出什麼含意？

4. 如果你認同創造出強而有力的意義觀念是有道理的，你創造出的會是什麼？

5. 如果你察覺到自己目前對生活的評價是負面的，你有多願意重新評價生活為更重要的事？

16
創造日常意義
Making Daily Meaning

　　如果你同意，意義主要是一種主觀的心理體驗（非常容易受到一個人對意義的看法，以及她認為生活是否有意義的影響）這個觀點，如果你同意從這個觀察中可以進一步得到的結論是你會意識到你可以創造意義（或至少顯著影響意義的到來），如果你也同意沒有什麼比創造和維持意義更重要，那麼你就會想每天都創造意義。以下是實現這個目標的 15 個技巧。

確定自己的方向

　　每天第一件事就是確定自己朝著意義的方向前進。不要以擔心日常任務和眼前的一切來展開新的一天，也不要讓自己把重點放在正職工作和日常追求，而是花一兩分鐘靜靜地自問：「我今天打算在哪裡創造意義？」

　　你檢視自己的一天，深思熟慮地決定你想在哪裡賦予意義。過程聽起來會是這樣：「我先花一小時來建立我的家庭事業，接著在通勤上班途中抱持冷靜的態度，工作時，我一天中大部分時間都保持意義空檔，除了早上跟比爾開會時，我想投入自己的精力，並以取得特定結果為目標。

再來，我下班通勤回家途中更平靜，晚上當我做飯和聽音樂時，度過一段不思考意義的美好時間和享受一點樂趣，然後花一小時處理我的生意，花十分鐘打電話給我妹妹小聊一下。然後是最後在平靜入睡中賦予意義，我平靜地上床睡覺，一夜好眠！」當你讀完這段內容，你幾乎花不到一兩秒鐘的時間來**思考**──之後，你就能好好地確定你一天中的意義方向。

維持一項主要的晨間練習

每天早上，先專注持續賦予意義給你的執行方式或存在方式，再去開始所謂的真正的一天。透過這方式，你每天的第一件事就是創造意義，隨著時間過去，這樣的努力會累積意義資本，顯著地預防意義危機。

雖然「存在（being）」和「執行（doing）」之間的區別在於人為，但以下內容能讓你明白我的意思。存在練習可能包括打坐、步行冥想、太極拳或瑜伽，儘管以上練習也都有執行的成分。執行的練習可能包括寫小說、打造家庭事業、執行康復計劃、執行焦慮管理計劃等等，即使以上每種練習中也都有存在的成分。

你可以選擇任何潛在的意義機會，每天早上首先就是練習這件事。日積月累，你將以此方式定期、例行性、日常的持續賦予意義。

創造日常意義　173

直接針對你最大的意義挑戰

你可能會把寫小說、建立家庭事業或培養人際關係當作你最大的意義機會,但同時也把保持清醒、應付你無意義的工作、或處理你後天性格的某些方面當做你最大的意義挑戰。請每天都針對這些意義挑戰。

例如,如果你最大的意義挑戰是你設法構成豐富的意圖,但之後卻無法讓你的想法和行為依這些意圖進行,那麼你會專心致力於讓思想、行為與你的意圖一致。你每天都會告訴自己打算怎麼做。聽起來可能是這樣:「我想創立我15年來一直夢想的非營利組織,所以今天我將提出一些支持我的意圖的想法,每小時都思考這些想法。我還去買一些非營利組織指南,並跟姬兒討論她如何創辦非營利組織,進而朝著創辦非營利組織的方向邁出第一步。」

除了每天抓住意義機會之外,你還直接針對每天最大的意義挑戰。你說出最大的意義挑戰,而非忽視它並拒絕想起它,然後你宣告**今天**要做什麼來迎接這個挑戰。

在當下的脈絡中創造意義

每一天都有不同的脈絡,每一個小時都有它自己的故事,每一分鐘都有自己的脈絡。這就是為什麼此時此刻如此豐富又如此艱難!特別是此刻必須按照自己的條件和自己的處境生活。

對你來說,在超市前的長凳上坐兩個小時可能沒什麼

意義。但是,當你走在義大利的鄉間小路,在小雜貨店前的長凳上坐兩個小時可能就非常有意義。以上是完全不同的脈絡。同樣的活動可能在一種脈絡下會激發意義的心理體驗,而在另一種脈絡中則不會。無論如何,努力寫小說可能是你應該做的事——但如果你的小孩摔倒,膝蓋破皮,那麼顯然照顧她才是你該做的事,而非寫小說。

今天下午三點,當你老闆以比平常更傷人的方式對你說了一些粗魯的話時,你可能需要大聲說出來,或者保持沉默。這是這件事自己的狀況,有自己的特殊性,你會在當下、在那個地方、當場、在**那種**狀況下創造意義。人生是一系列獨特的狀況,我們並非遵照該如何過生活的抽象原則來創造意義,而是根據每一刻的真實狀況。

展望未來

一整天注意即將到來的時間,並跟自己說你想如何度過這段時間——你想如何度過五分鐘後即將舉行的會議,你想如何度過午餐時間,當你靜下心來回覆一封麻煩的電子郵件時,你想要怎麼做。當天早上你做的第一件事,就是檢視這一天並做出某些決定,這是一個很好的練習;現在,生活的每一天都是即時發生的,你需要根據新情況的出現做出新的決定。

與我提過的其他練習一樣,這種注意和自我宣告的活動只需要一秒鐘。這不是一個需要花很多時間的繁重練習,而是習慣性地即時自我檢查,例如,你提醒自己你想要保

持冷靜或果斷，或多關注一點，或保持意義空檔。在短短一微秒之內，只要對眼前的情況或即將發生的情況多留神一點，就能創造意義。

定義空閒時間

切記，空閒時間不一定是輕鬆的時間。你在晚上「無事可做」又可以「做任何你想做的事」的兩個小時，需要像你人生中的其他兩個小時一樣專注、仔細和認真對待。

如果你願意的話，你可以平靜地度過這兩個小時，但在某些晚上並不會真的想這樣度過這兩個小時。試圖以這種方式消耗這些時間會讓你感到無聊、心煩，並陷入一場小小的意義危機。空閒時間必須像所有其他時間一樣受到重視。

允許輕鬆自在

所有這些考量、深思熟慮和努力，絕不排除自發性、放鬆、純粹存在和其他較輕鬆生活方式的可能性。事實上，如果你按照我提出的想法過生活，生活可能會變得更輕鬆，因為一方面，你很清楚自己想如何表現自己，並讓自己感到驕傲，另一方面，你知道你可以不用一直為意義掙扎。如此一來，你可以充分利用這兩個可能的世界：清楚地了解你的意圖，並且清楚地了解你無需努力讓每一刻都變得有意義。

任何一天的空閒時間都可以有一小時來有目標的創造

意義，接著完全接納想要發生的任何事，然後再度過幾個小時有目的的創造意義，接著是偉大而崇高的輕鬆。藉由不讓自己感覺像是意義追求者般無眠無日的追求，你就可以隨時輕鬆地度過。的確，你可能會想每天花一部分時間來享受這種深度放鬆。

賦予存在的意義

你不需要只在打造你的事業、寫你的小說、提供服務或建立關係等活動中賦予意義；你也可以為特定的生存方式賦予意義。也就是說，你可以選擇一種生存的方式——例如保持冷靜、開放、慈悲等等——並為這種生存方式賦予意義。

任何一天這麼做，可能意味著以下內容：你可能決定當天下午的唯一目標是保持冷靜。你發現下午即將出現一系列壓力源，你判定冷靜以待對你最有幫助——保持冷靜就是你的任務。也許這意味著需要做一些事，例如練習焦慮管理技巧，或讓你的想法與你的意圖一致。但隨著下午到來，一切都是關於存在而不是動手做——重點是真正的保持冷靜。切記，專心採取一種**態度**跟用心選擇一項活動一樣，都是建構意義的特徵之一。

思考對你有用的想法

你需要持續進行認知活動，才能讓你的想法與意圖保持一致。這項活動有日常性，因為今天和每一天，你都要確

保自己正在思考對你有用的想法,並駁斥對你無益的想法。

例如,如果你打算透過創立家庭事業(home business)來創造意義,而你聽到自己說:「哇,要做的事情也太多了!」這時馬上停下來提醒自己,這種想法對你多麼沒幫助。就在當下的那一刻,換一個對你**有用**,並且與你的意義創造意圖相符的想法,例如,**好吧,我要先解決什麼問題?**

這是日常工作,也是當下的工作,因為那些對我們無益的想法就在當下出現。再說一遍,這個技巧需要用很多話來解釋,但實際上,你幾乎不需要一秒鐘就能注意到一個對你沒有好處的想法,質疑它,並用一個對你有用的想法替代──如果你養成這樣做的習慣,那這過程幾乎不需要一秒鐘。

以對你有利的方式行事

你需要持續進行某種行事方式,確保你的行為與你的意圖一致。這項練習也有日常性,因為今天和每一天,你的行為方式都要符合你的意圖,而且你不願以不符合你意圖的方式行事。

假設你正在建立自己的家庭事業,並且需要某人提供有關架設網站服務的報價。你手上有三個人選;很明顯,符合你意圖的行為,是準備要向這三個人提問的問題,然後聯繫他們。儘管聽起來很簡單,但絕大多數人,至少許多人,會跑去忙其他事,以逃避在這種情況下會自然產生的焦慮。

他們會告訴自己,他們需要不僅三個人選,而是五個;他們會告訴自己,他們需要成為該主題的小專家,並在打電話給任何人之前先訂三本書;他們會告訴自己,雖然他們已經發現自己無法獨自執行該任務,但他們會去上一門課,看看是否可以學習執行該任務。他們沒有做他們知道應該去做的事,即聯繫這三個人,而是決定做其他事情。

每天,我們都務必小心,不要騙自己做出與我們的意圖不符的行為。

每天利用你的可得性格

請切記,我們有一個永遠無法清晰辨別的先天性格,一個往往會限制我們自由的後天性格,還有一定數量的剩餘性格,即我們的可得性格,我們用它來維持自覺,推算我們的意義意圖,以及體現我們的自由。

每一天,你都會召喚你的可得性格來提供實現意圖的方法。如果淪落回後天性格,以死板、機械的方式生活,你就會重複過去無效的方法,且你就會習以為常地焦慮、憂鬱和低效。

如果你每天提醒自己,你想以最堅強、最聰明和最自由的自我作為最顯要的特質,你就給自己機會實現你塑造出的意義意圖。無論你將你的可得性格稱為「最好的自我」、「最高的自我」或其他的名稱 ── 或你根本沒有取名字 ── 光是這個性格本身就為你提供了實現目標的手段。除非你在日常生活中展現你的可得性格,否則你不可

能成為你想成為的、基於價值的意義創造者。

檢查意義機會

一旦你擬出一份意義機會清單——也就是說，清單上的事物對你來說很重要，或者符合你對基於價值的意義創造的想法——每天或至少定期仔細反覆查核該清單。試試看清單上你最近還沒嘗試過的東西，或是清單上你一直在逃避的事。透過檢視清單，你可以提醒自己所有可用的意義機會——這種提醒本身就意味著提高意義。當然，首先你需要擬一份意義機會清單。

人類將以下15種經驗視為意義機會：愛、善行、創意、卓越、人際關係、管理、實驗、快樂、自我實現、服務、職涯、滿足、道德行為、成就和欣賞。但當然，你的清單必須是你自己的清單。教養可能是你清單上的優先任務；教養也可能不會出現在你的清單上。對你來說，成就可能比愛更重要；對你來說，愛也可能比成就更重要。定期檢查自己的清單，看看你是否想抓住一個你一直忘記或逃避的意義機會。

阻止意義外漏

當發生意義外漏時，請迅速採取行動。假設你遇到你的兄弟，他提醒你，你的工作賺不到什麼錢，而且大概永遠都會有財務壓力。這可能意味著情感上的打擊，但也是意義方面的打擊，如果你把他的話放在心上，你所選職業

的意義就會開始外漏。

一方面，你需要應付剛剛遭受的情感打擊。但你也需要處理意義的部分，也許在那個當下，你可以當場專心地為職業重新賦予意義。這聽起來會像是：「對，寫詩沒有報酬，但我是一名詩人，這就是我創造意義的方式。」或者，「沒錯，公司法肯定賺得比我所做的法律扶助工作更多，但我透過服務來創造我的意義。」每天都會發生意義流失或意義外漏的情況。因此，即時、當場處理就是我們日常的工作。

處理特殊情況

發生意義外漏或意義流失時，你不僅要迅速採取行動，還要對可能影響你與意義關係的任何特殊打擊或情況保持警惕。

例如，也許你能忍受正職工作是因為你喜歡你的老闆。當更殘酷的新老闆接手後，這可能意味著特殊的打擊，且可能扼殺你的工作可能為你提供的意義的心理體驗。這些特殊情況必須在發生時予以處理。

可能幾週或幾個月過去了，期間都沒有發生任何誇張的事。但當誇張的事**確實**發生的那一天，你的工作就是全神貫注地關注現實，並決定你想要採取什麼措施來補救或修復這個情況。也許需要從認知上介入，也許你需要採取行動。創造意義的構想包括<u>一旦</u>發生意義危機和意義挑戰，就採取必要的行動介入處理。

練習

將生活的各個方面都視為修行，每一天都是練習。既然你的目標（如果你同意這是你目標的話），就是從事基於價值的意義創造，那麼你整個練習簡單來說可能是這樣：執行下一件正確的事。在「執行下一件正確的事」這句話中，「正確」並不意味著「符合倫理」或「道德」，而是更一言難盡的意思。大致可以翻譯成，在你的生活脈絡下，執行下一件適當的事，作為你的計劃。

這可能聽起來像：「我將生活視為一個複雜的計劃，有時我享受獨處，有時我在工作中用盡心力，有時我不思考意義，有時我努力滿足我的野心，有時我停止一切，並抓住一個意外的意義機會等等。我每天的練習就是用心管理這件複雜的事，這是我的生活計劃。」每一天都是你生活計劃中的下一天。

如果你可以做一件穩定、定期、包羅萬象的事，來因應身為聰明人的挑戰，那就是創造日常的意義。即使意義流動，你仍然在從事這項費力又重要的工作──這正是我們的下一個主題。

本章提問

1. 你認為每天創造意義與處理身為聰明人的挑戰之間有什麼關係？

2. 你能從我們討論過的眾多挑戰中——思考的焦慮、難以找到夠聰明的工作、內心對話的自尋煩惱、無法找到真正感興趣的事等等——找出一個你認為可以透過每天創造意義來改善的挑戰嗎？

3. 你認為你會選擇什麼活動作為你的晨間練習？

4. 我已經敘述以晨間檢查開始一天的方式。對於以同樣的方式結束這一天，你有什麼看法？

5. 你認為什麼事情可能會妨礙你每天創造意義？

17
欣然接受意義流動
Embracing Shifting Meanings

有很多方法可以因應聰明所帶來的挑戰，每種挑戰都需要用不同的方式處理。但是全面的因應措施應更加顧慮到意義，並從事基於價值的意義創造。在上一章，我提供了一些建構日常意義的技巧。在本章中，我想延續我們的話題，並說明你如何因應你遇到的意義流動。

我們首先潑個冷水，要確認意義主要是一種主觀的心理體驗。但接著這冰冷的開頭，意義是一種**可規律獲得**的心理體驗，與任何其他經驗一樣可得。這也延續了以下概念，即你可以對意義形成一個強而有力的想法——你自己對意義的定義，有助於你對生活做出有力的決定，包括有自尊地生活。會產生意義是因為這很自然，我們不需要苦苦渴望可能更好或更了不起的意義，且這些意義連結到一廂情願期待一個更有目的性的宇宙有關。

你可能會開始這樣想：**我察覺到有很多事可以激發我意義心理的體驗。一個是歡愉；還有成就；還有自我滿足；還有只是存在；以及按照我的價值觀行事等等。當我想到這些，我發現雖然我想要也需要意義的心理體驗，但我如何獲得這種體驗也很重要。我希望不要透過違背我的價值**

觀、讓我對自己失望的方式來獲得體驗。我可以做出大膽的決定，創造基於價值的目標，追逐基於價值的夢想，同時允許自己快樂、自我滿足，以及其他能產生意義的心理體驗的事物。

這是一個比斷定「我想要當舞蹈家」、「我相信上帝」或「我可以吸引任何我想要的東西」要更複雜的自我對話。但這也是非常有益的閒聊，可以為人們指引方向，讓人**以自己的方式**體驗有意義的生活。透過這種方式，一個人可以明智地預測可能感覺有意義的事情，理解意義和價值之間的緊張關係，把閒暇的快樂和暫緩思考意義創造都考慮進去，計算他實際需要多少意義，並回應一個平凡的事實，即生活沒有單一的意義，而是更強烈的「是的，生活充滿意義！」

如果一個人的環境為她提供的意義和意義體驗太少，那麼她就可以採取行動來改變她的處境。她可以理解她一天的感受和對生活的感覺，她可以與自己交流意義。她可以主張，從她選擇的意義觀念、和她對生命具某種價值的評價當中所流露的一連串意義體驗，已經有意義到足以減少對偉大意義的依賴。她可以降低她的防禦性，增加她的自覺，改變她的思維習慣。她明白生活就是這麼複雜，因此她可以明智地生活，而不是簡化生活。

透過誠實而清晰地傳述，他可以把他因價值引起的衝動轉化為具體行動，而不必揣測自己這些行動是否有任何最終價值，或是否會產生真正的影響。舉例來說，某個星

期二,他體內湧現一股衝動,去幫助餵養特定的飢餓兒童。他們不必將其視為生活的意義,因為他們很清楚沒有生活的意義這種東西。生活意義有很多——眾多意義的心理體驗——他可以付出一點人力資本去幫助飢餓兒童,滿足自身的渴望,而不必付出在每個東西上。

在大多數傳統觀點中,你需要知道你正在做的事是否被認為比其他事情更有價值,與其他事情相符,或與某種命令、原則或必要性有關。但這樣的擔心完全沒有必要。如果你同意我所提出的想法,你就會知道,價值觀會相互競爭,價值觀與脈絡有關,有時說實話是正確的,有時說謊是對的;有時適合曬太陽,有時適合攜帶武器——簡而言之,生活是一塊拼圖,由無法完美接合,也不能完美拼湊在一起的碎片組成。他不會為某些不切實際的完美理想而煩惱,而是斷言他會盡可能明智、謹慎和光榮地解決他的個人難題。

關於投入一點個人資本幫助餵養飢餓兒童這件事,他的自我對話聽起來可能像這樣:「我知道我無法確定我的努力會有什麼效果。同樣的道理,我深信,如果我餵養那裡的孩子,他們就不會那麼餓了。現在,我認識到,透過餵養他們並幫助他們生存,我實際上可能會增加世界的痛苦,因為誰知道他們會不會是好人,他們的行為舉止是否會增加或減少對他人的善意等等。也就是說,我明白我餵養他們並不能保證世界上的美好事物會變多。」

「儘管如此,在缺乏強力理由不這樣做的情況下,我

還是決定為飢餓的兒童提供食物,這是我想要支持的價值觀。我對生活中的荒謬和模糊性大感吃驚。因為我剛才向自己提出的論點對我來說很合理,所以我相信幫助餵養這些孩子將為我提供意義的心理體驗。然而,即使事實並非如此,我也知道餵養這些孩子符合我對於如何創造有意義的生活的想法。我預測這會讓人感覺有意義,但即使感覺沒有意義,我也相信這是該做的事。」

是的,這段自我對話充滿了諷刺和質疑。但他微笑面對這些懷疑和諷刺,因為他知道這些都是難免的。他很清楚,他的行為從來不保證會獲得意義的心理體驗。最後,他可能會發現自己感到輕微甚至嚴重失望,因為他為那些飢餓兒童提供食物的努力,並沒有帶給他所希望的體驗。但他對這樣的結果並不感到驚訝,這個結果也不會讓他重新檢視自己的生活方式。他知道自己只是猜測而已;他選擇了他想要支持的價值觀,而且猜測自己對支持該價值觀的感覺。如果事實證明他猜錯了,那就這樣吧。

他也意識到,幫助飢餓兒童的意義可能會在眨眼間發生變化,這意味著這主要是一種心理體驗。他可能得知自己罹患無法治癒的癌症,他沒有心理空間去思考自己的死亡之外的任何事情。他可能得知這些孩子是他所鄙視的人的後代,並發現自己不再想要幫助他們。他可能會發現他試圖為他們提供的食物被轉去別處了,然後現在發現幫助他們的想法失去了很多光彩。這並不是說他可能不再想幫忙,而是說他可能確實想停止幫忙了。

欣然接受意義流動　187

他也意識到自己是一個複雜的人，必須反覆檢查自己的動機，以確保告訴自己的是實話。他是否是根據想要餵養那些飢餓孩子的價值觀行事，或者他其實是受他們的母親所吸引？我們是如此狡猾、有防禦性的生物，使得我們很少公開攤牌，或暴露我們的真實想法和慾望，讓自己變得脆弱，甚至對我們自己也一樣。透過接受我所提出的想法，他開始意識到人類傾向合理化和自我欺騙，而且他將自我誠實的價值納入了他的價值觀清單中。

　　他會不會有時欺騙自己，相信自己渴望的東西私底下其實是有價值的？當然有可能。假設他真的希望房子外面佈滿很多閃閃發光的燈，只因為小朋友般的理由，因為它們會很漂亮。他是否會編造一個價值觀來證明自己的願望是合理的，並斷言如果照明更多，附近地區會更安全，或者光之美本身就是合理的？當然，他可能會。但即使他把那千枚燈泡串起來，他也知道要思考自己的動機。最後，我們可能會看到他做一些有自覺的人經常做的事情：他可能會把這些燈串起來，退一步，苦笑著欣賞，然後把很多燈關掉。

　　人們逐漸認識到，意義的心理體驗，是透過各種方式和各種小片刻所激發：透過他們經過的一堵廢牆的外觀、透過人行道上光影的相互作用、透過駛車經過的景像、透過打開的窗戶傳進來的音樂片段、某種東西的味道、某種東西的感覺、某種東西的外觀。他們因為獲勝、調情、幻想、感覺自己受到喜歡和欣賞而感動，從而體驗到意義。

當意義流失結束時，他們會感受到意義體驗：當他們在長期失業後找到工作時，當他們選擇康復而不是上癮時，當他們勇敢地面對霸凌者並看著他收手時。許多經歷都會激發意義的心理體驗。

理解這些想法的人認識到，有巨大的意義機會、意義冒險和意義事件，例如選擇職業、墜入愛河、展現潛力、終身服務等等。但她也明白，有無數的小意義機會、意義冒險和意義事件，從製作個人化的生日卡片，到看到雲層散去後太陽重新出現。小刺激和大刺激都會影響她的意義體驗。她從自己的意義體驗中塑造了自己的意義觀念，她記得在計算中要考量到無數小事件的現實，她知道，即使只是看到最後一絲陽光，也可能就足以拯救失落的一天。

抱持這些想法的人知道，意義領域的許多挑戰即將到來。他明白，儘管天空晴朗，但暴風雨可能即將來臨。因此，他每天都監督自己與意義的關係，不是為了發現不存在的問題或給自己找麻煩，而是因為他不想被意義危機出其不意地偷襲。他學會了如何在意義領域中積極主動。他學習如何思考、辨別和抓住意義機會，並堵住意義的漏洞。他監控自己所創造的意義想法，並檢查以確保他沒有過於嚴厲或過於消極地評價自己人生的意義。他做這一切的部分原因，是為了避免意義危機在初期悄悄增長。

當他進行這些算計、評估和決定時，他意識到關於他的努力是否會取得成果，自我對話有著巨大的、甚至是至關重要的影響。假設他決定可能會喜歡寫一本他一直在考

慮要寫的小說。他猜測寫下這本小說會讓人感覺有意義，也就是「會喚起意義的心理體驗」的合理簡寫。但如果他在寫小說時，每天都用自言自語折磨自己，進而破壞了他的努力呢？這種糾纏會怎麼影響他的意義體驗和繼續創造意義的能力？

假設每次寫作結束時，他都會閱讀自己所寫的內容，並觀察到他面前的頁面所顯示的結果就是那樣，好壞參半。他可以選擇說：「裡面有一些很棒的東西！」或者他可以選擇說：「哇，真是一堆廢話！」如果是後者，他正在耗盡寫作事業的意義，並逐漸放棄。經過幾週的自我打擊後，他的小說很可能不再對他有意義。因此，我們認為選擇符合我們意義的自言自語，是我們必須做出的關鍵選擇。

正如他選擇使用的語言是支持他努力是有意義的一樣，他選擇使用與他的生活評估相符的語言。假設他認為生活值得過下去，而且相當有自信他目前走的這條路是基於價值，充滿極好的意義機會，那他同樣應該知道，如果遇到沉悶又乏味，每個人都必須忍受的日子，他不會對自己說：「哇，我一定完全誤解了意義——生活看起來非常空虛而且毫無意義！」若意義稍微消失，你就推翻對生活的正面評價，這毫無道理。這種反應對於一個普通、完全可預測的意義事件來說太戲劇化了。

如果你忍不住對生活做出負面評價呢？如果昨天感覺很糟糕，今天感覺很糟糕，明天也可能感覺很糟糕怎麼辦？如果你一貧如洗、咳血、被監禁、孤獨、被包圍、無助、

絕望，該怎麼辦？這樣還要求你要創造意義並選擇人生的意義是否也太荒謬？難道比起理性實際的哲學，你不會更需要藥物、金錢和朋友嗎？一部浪漫的電影、一瓶啤酒和做個天堂的夢，不是比耗費精力、自我反省的生活規則還有用嗎？我們的想法在你的處境之下，難道不是幾乎沒有意義嗎？

老實說，這可能仍然很有意義。對於處於這種可怕處境之下的人而言，這些概念可能比其他哲學或宗教更有幫助，因為它提供了增加意義體驗的具體策略，並支持採取可能使生活更愉快和更有意義的行動。也許生活艱苦的人，**恰恰是**那種會因接受現實的艱難並提出解決方案的準則而受益的人，尤其如果這個人聰明到可以理解其他替代方案的話。

我的意思並不是說，不會有那麼一天，所有人都需要更多的意義，需要更深刻和更重要的事件，需要更能撫慰我們，並幫助我們忘記我們註定要受苦的事情，或是我們終有一死。我們的觀點並不與存在的事實相矛盾，而且總會有那種時候——很多時候——即使是最堅定的心也希望如此。我們大膽地直視存在的事實，而有些時候，我們每個人都會眨眼。我們知道這樣的日子即將到來。

與其將意義概念化為遺失之物，或與宇宙保持同調的獎勵，我們認為它是各種刺激所喚起的感受，而提供自己刺激是一種認為生活有意義的方法——不是肯定的方法，不過是好的方法。我們選擇那些刺激：約會，如果親密關

係能激發意義；在小鎮散步，如果我們小鎮的風景可以激發意義；努力過一天，如果努力能帶來意義；觀賞紀錄片，如果它的主題能激發意義；開始一場大膽的冒險，如果大膽的冒險能激發意義；參與基於價值的行動，如果基於價值的行動能夠激發意義。即使特定信念、行動或活動的實際意義流動了，我們還是會這樣做：我們繼續做，因應那些不可避免的意義流動。

抱持這種想法的人會推導出關於意義的結論：她闡述了她所認定的意義，如何受其影響，如何獲得，以及它並非什麼。她知道在大自然中度過一天可能會感受到意義，但她也知道可能不會，因為大自然或某個峽谷本身都沒有意義。她知道意義的這個特色，當她原本期望走入大自然可以讓她感受到意義，最後卻讓她感冒時，她並沒有受到打擊。他承認人類經驗不可能未經篩選，沒有絕對的意義，也沒有任何保證。

首先也是最重要的，她意識到生活沒有單一或最終的意義。人生只有以下幾種人類意義：意義的心理體驗、轉瞬即逝的意義、對意義的最佳猜測、建構對意義的觀念、對生活意義的個人評價等等。她可能會因此感到可怕，也可能感到美妙，但無論是哪種情況，她聰明到知道這就是事實。她接受這個事實，樂意採納，並在意義這個範圍內做出深思熟慮的選擇──以便給自己最好的機會，創造出使人感覺真確的生活。

本章提問

1. 請你用自己的話說明為什麼意義無法避免地會流動。

2. 你希望如何為這些無法避免的流動做好準備？

3. 當發生意義流動時，你的第一個行動方針是什麼？

4. 如果「真實」這個詞吸引你，你會如何定義它？

5. 基於價值的意義創造實踐如何幫助你因應我們一直在討論的挑戰？

18
鍛鍊你的大腦
Exercising Your Brain

在本章中,我想請你思考一些問題和練習寫作。如果你喜歡,可以在腦海中進行以下練習,你的努力會有成效。如果你參與這些練習並寫下你的答案那就更好了。我的目標是讓你親身體驗我所描述的原則,和練習如何幫助你因應我們一直在討論的聰明挑戰。希望你能從你的答案中獲得啟發!

典範轉移

首先,請說明你認為以下三個想法的差異:

- 尋求意義
- 等待意義到來
- 創造意義

基於價值的意義創造

如果你想真實地生活,你的目標就是要創造充足的意義,而且創造的意義要符合你的價值觀。晴朗的一天、一件小小的蠢事——任何事情都可能激發你感受到意義。這

種意想不到的意義,對於你人生飛黃騰達、符合你的價值觀和人生目標的意義而言沒那麼重要。「基於價值所創造的意義」這個詞,代表你是經過深思熟慮的判斷,決定如何激發意義的心理體驗,而不是不惜一切代價激發這些體驗。

啊,但是要創造基於價值的意義,是嚴肅又充滿挑戰性的差事!當你想憑著一股衝動行事時,還要選擇做正確的事,這一點也不簡單或直觀。在自由或安逸受到威脅時,還要擁戴自身的價值觀並不容易。擺脫或超越你後天性格及其習慣性的要求和重複的想法,非常困難。即使我們知道,面對接連不斷出現在面前的生活挫折時,應該堅持哪些價值觀,但這依然是相當艱鉅的差事。

用你自己的話說明創造基於價值的意義是什麼樣的概念,以及要在你的生活中實施這個概念需要怎麼做。

你的人生目標、價值觀和原則是什麼?

你重視什麼?有個持續練習的方法是闡述你的人生目標、你的價值觀和你的原則,這樣你就知道你打算支持什麼理念,以及你打算如何生活。定期檢查這三者,你可以幫助自己指出你認為活動朝哪些方向會激發基於價值的意義。

由於我們擁有思考、形成想法、評估等等的能力,我們發現自己能夠推論自己想要如何過生活,以及我們想採取什麼行動來實踐推論的結果。我們可以決定我們想要堅持特定的價值觀,透過堅持那些價值觀而非其他方式,我

們可以清楚表達這樣的方式並改變和更新我們的人生目標等等,努力激發意義

花一點時間清楚說明你的人生目標、你的價值觀和你的原則。然後思考(並稍微寫一下)以下內容:你採取過哪些行動實現你的目標、價值觀和原則?

維持你的人生目標願景

假設你心中有一幅畫,很清楚描繪出自己想要的人生;你可以把那幅畫放在哪裡,以便你隨時參照並提醒自己的目標?一開始可以先擬一小段人生目標聲明,用來幫助提醒你的人生目標願景。但假設情況是你與之失去連結,或偏離你的人生目標願景。你會做些什麼來重新取得連結並回到正軌?

心理主觀性

我們以人類經驗的真實為出發點,我們不只是被影響的現實,我們不是以某種方式編寫程式碼然後執行指令的機械生物。相反地,我們是複雜的生物,以不斷變動、互動的方式體驗人生。描述這種活力和互動性的最佳方式是心理主觀性。

人的生活是一連串的心理體驗;人類是一種完全受到自己獨特、主觀、不斷變化的個人現實束縛的生物。鑑於這就是我們的真實狀況,你會如何接受這件事,接受一切事物**都**必須經由你人生的心理體驗來篩選?

防禦性

我們的防禦性限制了我們的自覺。自覺讓我們有機會理解自己在做什麼,但我們的防禦性卻限制了那樣的自覺。我們的自覺受到限制,有時甚至是嚴重受限,因為我們需要保護自己不受現實那困惑、不愉快或痛苦的影響。防禦性是一種自我保護的人類需求。

這個詞並不意味著完全負面。你可能需要具備防禦性,以削減進行你認為重要的事時會涉及的風險——你防禦性地削減這些風險,以便讓自己**承擔**這些風險。就跟自覺和心理主觀性一樣,防禦性是一個豐富又全面的概念,充滿我們在人類處境中隨處可見的複雜性。

花幾分鐘說明一下你的防禦性本質——防禦性在你身上如何體現?

思維習慣

除了心理主觀性、自覺和防禦性之外,還有一個是思維習慣的概念。由於每分每秒都要改造自己實在太困難了,所以我們人類生來就會重複在做的事,而不會多加思考眼前的情況。

透過某種遺傳與生活的結合,我們稱之為後天性格,我們滿早就形成了我們特定的說話和行事方式、我們對情境的反射性反應、我們的信念和意見、我們的偏見和偏差、我們焦慮的程度和爆發點,以及我們看待世界的方式。

鍛鍊你的大腦　197

這些觀念一旦形成，我們就很難改變這些思維習慣。一個人的課題有一部分就是開始修正他的思維習慣，以便這些思維習慣可以為自己目前想成為的人所用。因為我們在人生早期就養成了堅定的思維習慣，與我們的防禦性一起限制了我們的自覺。如果我們降低防禦性並讓想法更加開放，我們的人生經驗會不那麼機械性。

請盡可能描述你希望如何修正你的思維習慣。

你對意義的想法

我提出的觀點有助於我們理解，我們可以不要那麼執著於人生意義和人生目標這些累人的話題，並且專注於打造人生，使其符合我們有原則生活的願景。

我們設立了一個明智、實用的意義**概念**，以因應意義主要只是一種心理體驗這件事，而且我們以這個意義概念為中心，而不是渴望感受意義。這對每個人而言都是驚人的進步，對我們的文明來說也是巨大的進步，因為基於價值的意義創造者對文明有正面貢獻。

看看你能否根據我們一直在談論的概念，用你的話表達你對意義的概念。你希望如何掌握意義的概念？

可得性格優先

你有一個你永遠無法真正了解的先天性格、一個限制你自由並提高你防禦性的後天性格，以及一定數量的可得性格，最後一個是你目前自由和自覺的基準。

在三部分性格組成模型的脈絡下，討論有關使用可得性格從事基於價值的意義創造，你有什麼想法，性格模型組成有：不可知的先天性格、有限的後天性格，和目前的可得性格。

賦予意義

用你的身體感受「做某件事」相對「賦予某件事意義」之間的差別——後者換句話說，是你對自己做出承諾，因為你相信自己的選擇是基於價值的選項，並有可能讓你對自己的努力感到驕傲，且符合你對生活該如何進行的想法，甚至可能激發意義的心理體驗。

用你自己的話說明進行賦予意義意味著什麼。

意義機會

需要某些東西來感覺有意義（或需要某些東西來激發意義的心理體驗），相對於將某些東西視為會產生意義機會，因為你有預感它符合你對生活的願景和對意義的看法，這兩者是有差別的。

請說明你認為**需要**某些事物來感覺有意義，相對於將某些事物視為會產生意義機會，這兩者之間的差異。

無聊或困難的工作

假設你正在做的事是為了意義，但感覺並沒那麼有意義（也就是說，無法激發意義的心理體驗）。請說明你希

望如何處理這種情況,你才能在沒有獲得意義的心理體驗時,還是能完成這項必要的工作。

意義空檔

我們用「意義空檔」(meaning neutral)這個詞來代表這樣的概念,我們並非總是需要意義的心理體驗,我們可以在某些時段以意義空檔的方式度過,而且每個人需要多少有意義的時間和意義空檔的時間,是由我們自己決定。

也許對某個人而言,創作兩小時,接著度過八小時的意義空檔,再來是兩小時維繫感情和親密感,可能就意味著感覺完全有意義的一天。但另一個人可能就有截然不同的需求和要求。思考並寫下關於以下問題的想法:

1. 用你自己的話,你會怎麼描述意義空檔的概念?
2. 你認為一天中需要幾分鐘或幾小時主動創造意義的時間,才會對這一天感到滿意?這會取決於你為了創造意義付出的努力有多成功嗎?還可能取決於什麼?
3. 你認為一天中花一點時間在意義空檔,相對於花一點時間放個意義休假,兩者間有什麼差異?

選擇意義而非情緒

很多人會檢查自己當下的心情,但卻花很少時間確認他們是否在做對自己重要的事。你能看到,更專注於做對你而言重要的事,而不是專注追蹤自己心情變化,有什麼

優點嗎?我們討論過讓自己在一天中的部分時間保持意義空檔的想法。你如何看待保持情緒空檔的想法?你是否可以將情緒空檔視為你可能想要培養的東西?

修復意義

意義是無限的,意義也很脆弱。這並非悖論,因為我們談論的是只因人類自覺的特殊性才會存在的現象。就算人類消失了,椅子還是椅子。但意義,因為它是意識的產物,僅是一種主觀感受和人類的想法,因此會隨物種消失而消失。有鑑於這事實,意義修復是關鍵的實踐。意義不僅會隨著物種滅絕而消失,對個人來說也可能消失;這很常見。而你不會想讓這種事發生!

當然,如果能馬上解決意義危機,而不需要進行繁重的實際修復工作,那就太好了。有時你可以如此。有時你只需要嘆一口氣、笑一下,或一個小小的提醒,就可以讓自己恢復過來。但有時危機太強大又深遠,嚴重程度不太像襯衫有一顆鈕扣脫落,比較像是整件衣服都撕毀了。那你就需要掏出意義修復工具包,仔細地跟自己討論剛才發生的事,以及你打算如何重新調整你的人生目標願景。想一想:你可能會在自己的比喻意義修復工具包裡放什麼東西?

適當的痛苦

有意義需求的人如果專注於兩個領域,即盡可能創造基於價值的意義,和減輕她的痛苦,她的情緒就會是最健

康的狀態。打個簡單的比喻，她一邊爬山，但一邊處理水泡。當她爬上那座山並處理那些水泡時，她滿足地微笑，因為她知道她正過著她理應要過的生活。

然而，她也非常清楚，有時她會因為自己所賦予的意義和抓住的意義機會，而為自己**製造**困擾。雖然她努力減少這種痛苦，但她仍然提醒自己，這是她自己造成的，如果她想讓自己感到驕傲，她就必須忍受一些痛苦。同時，她努力**減少**這種痛苦。這自然會產生適當緩解壓力的想法。

想想這個概念：你想**減輕**你的痛苦，但你也**創造**了痛苦，因為你積極創造意義。

接受存在的事實

對於某人來說，他出生在哪一個社會經濟階級，他的父母對他是好還是壞，他成長的環境是太平盛世或不斷戰爭，他很健康或經常生病，他能不能從事想從事的職業等等，這一切都很重要。人的人生不過就是心理體驗，任何會影響我們心理的事物——無論是在邪教中長大，或含著金湯匙出生——都很重要。

當我們仔細思考自己是什麼樣的人、我們想要什麼樣的人生、我們想要改變什麼，以及我們必須接受生活的哪些問題時，以上因素都必須納入考量。例如，你認為以下哪一點對你的性格形成影響最大：出身貧窮、父母兇惡，還是身為社會中的少數族群？思考一下：你的生活目前存在哪些事實，跟我們一直在討論的聰明挑戰有關？

將我們的原則和練習應用於聰明挑戰

如果你認為前述內容很重要,且有時間和精力,可能會想要重讀前面的章節,看看你個人會如何將我們一直討論的概念應用於我們檢視過的每個挑戰。例如,意義空檔的概念如何幫助你更能接受無聊的工作?如何證實進行新的賦予意義這概念是處理聰明間距的重要技巧?晨間意義確認如何幫助因應初期的躁狂或其他讓大腦高速運轉的問題?這種種問題。如果你願意的話,這可能會是所有練習中最有價值的。

本章提問

1. 這些練習中,哪一個你最感興趣,讓你學到最多?

2. 你具體學到了什麼?

3. 你會如何實踐學到的知識?

4. 為了做出那些改變,你需要改變多少性格?

5. 為了做出那些改變,你需要改變多少你存在的事實?

19
給聰明人的藍圖
A Blueprint for Smart

　　假設你出生時屬於人群中最聰明的15%，而且面臨我提過的諸多挑戰，以及人生的其他挑戰，你將如何面對？這有部分取決於你是否認同我所描述的人生願景。如果你同意那樣的願景，那麼就有一條合理（不過當然不完美）的路徑可供遵循。接下來就是來講這個願景的本質。請看看這對你是否有意義。

　　你會出生是因為大自然造物。就跟所有生物一樣，你是自然的實驗模型之一，必須接受演化而來而非精心設計所產生的特殊之處。這表示：

- 你沒有配備一個啟動/停止開關，可以讓你隨意停止思緒（你必須與此共處）。
- 你無法免於躁狂、失眠或其他大腦高速運轉的狀況（你必須與此共處）。
- 你並沒有萬無一失的方法可以處理糾纏著你的不合理和合理想法（你必須與此共處）。
- 你無法避免被嚴厲對待、收到殘忍的訊息、自尊受挫、走錯路、失望以及其他讓後天性格傾向憂鬱和

存在空虛的打擊（你必須與此共處）。
- 你天生的危險警告系統校正不佳，太常產生過多的焦慮（你必須與此共處）。

簡而言之，你不可避免地是一名人類。你不得不接受我們人類的特異體質，這些特質往往會帶來痛苦和困擾。而那些疼痛和困擾經常嚴重到需要使用強效的化學物質來掩蓋和改善：這就是精神病學的方法與目前的「精神障礙」典範。與此同時，因應痛苦和困擾的合理方法，與用創造個人意義的概念為基礎的方法，卻常常受到忽視。

首先，你生來就有由遺傳訊息、能力、本能、驅力、覺察組成的先天性格，而且身為一個新的人類，你所帶來的一切會扭曲成自身存在的艱難與低潮。這份天資可能包括頭腦很好、淡淡的憂鬱、食慾旺盛、清楚的自我感知、天生固執、無法抵抗甜食、很愛笑、容易受傷的自我等等。你的先天性格包括自我當中的本能面相，和自我當中的開放面相（通常過於開放）——尤其是面對存在的事實。這一切，都跟著你一起降生於這個世界。

如果能知道你註定要成為什麼樣的人——也就是說，你先天性格的面相與品質——也許很好，但你無從得知這些資訊，因此也產生一個奇怪的終生心病。你出生時並不是一張白紙，而是一位活生生會呼吸的人，也許已經有一些疑慮，也許已經懷疑更糟的狀況。那個不可知的先天性格的輪廓很重要；但更重要的是，你到了某個時刻會決定

自己打算如何生活，而不是繼續渴望成為可能成為的、或應該成為的某人。

你出生了，然後世界抓住了你。你學習甩門、雙手交握、把豌豆吃掉和躲在樹籬後。你變成了後天形成的樣子，成了會做白日夢或到處亂跑的孩子、害怕的孩子、樂於助人的孩子、挨揍之後想報仇的孩子、因為是天主教家庭而虔誠生活的孩子、一個天生聰明而充滿好奇心卻被學校打壓她天賦的孩子。你成了一個不經意就開始夢想婚禮或跑車、偉大的冒險或壯烈的犧牲、寫小說或賺錢的孩子。然後你開始長大。

你依然是你，而且你成為現在的你──依然記得自己原本的樣子，但現在已經是後天的你。你可能變得性生活活躍或性壓抑，偏向順從或偏向叛逆，特別熱愛物理或詩詞，或對許多事物都感興趣，或對任何事物都沒有真正的熱情。驅使你的方式也許很簡單──渴望朋友的認可、想吃漢堡、想要在籃球場上贏得勝利──也許很複雜，被一觸即發的懷疑、失敗的事業以及現實與希望之間的不斷拉扯所推動。你也許度過一段不見天日的青春期，開始預想你的未來，這些預想稱為職業選擇和關係選擇。

原來，你的所作所為都會有後果。你放棄了一場考試，結果最後轉系；你遇到一個男孩或女孩，最後搬到玻利維亞；你很早就生小孩；你完全陷於現實，隱藏夢想，感到非常痛苦，沒有任何看不見的友善精靈能讓你擺脫生活；你有帳單要付；你需要眼鏡。這些年來，強烈的自我

拷問開始了：**我當時的決定是對的嗎？為什麼這樣的人生並沒有感覺更有意義？我真正相信什麼？我的人生就這樣了嗎？我怎麼會那麼蠢呢？我錯過了什麼？**等等。

這些不斷煩擾的自我拷問，有些在你聽來像是心理治療時會問的問題，有些聽起來像是靈性的問題。它們當然不是奇怪的問題或神經質的問題，但對於一個不曾接觸過我所描述想法的人而言，很難準確地辨別它們是哪類問題。它們是在我們理解我們的天生困境、與如何透過創造基於價值的意義來回應人生之前就出現的存在主義問題。一旦我們明白了那種反應的本質，我們就知道如何重視、如何安然度過每日，如何迎接意義危機，如何減輕我們的痛苦，以及如何讓自己感到驕傲。那些問題會自行消弭或完全消失，然而，在那之前，我們看起來就跟其他人沒兩樣，做著不太滿意的工作，匆忙地進行靈性探索或展開外遇，並堅信意義藏在某個地方，也許在喜馬拉雅山，也許就在那邊那扇我們打不開的門後面。

當我們得知意義並沒有遺失，意義也無法尋找，意義完全是我們可以影響甚至創造的主觀心理體驗時，我們突然與人生形成一種新的關係。我們站起身。奇怪的事情發生了。我們成了生活中美好的存在；我們對自己而言變得美麗。對聰明人來說，這聽起來像是對存在問題的溫和、奇怪、華麗的回答，但這是我們的實際經驗。當你陷入愛河時，你充滿愛的心很美好；你保護無法自保的人時，你的兇猛程度帥呆了；你願意微笑就是個小小的奇蹟。現

實很無情,但當你是生活之美時,你就是生活中美好的存在——儘管現實如此無情。

你可能生來就已經很悲傷,已經了解太多,已經對現實感到沮喪。你可能誕生在一個冷漠或疏忽的家。你可能會發現自己在最初的那幾秒裡被灌輸思想,之後遭到貶低,並遭受生活的打擊。人如果一開始就遭受打擊,怎麼可能美麗呢?但有的,只有當人走過尋常的破碎的小徑和歧路的漫漫長旅後,還能說:「喔,我知道要怎麼樣成為美麗的人!」他就能如此。你挺直腰桿,你改變你的性格,你用心決定下一次要賦予意義,你對意義機會保持開放態度,你容光煥發到我怕寫太多會聽起來很荒謬。但容光煥發是真的;你忠於自己,因此,你覺得自己很美。

你不一定**要**很美。沒有人跟你說你不能抱怨、碎念、崩潰、仇恨、囤積、批評或譏笑——這些事情沒有仲裁者。你可以隨心所欲地成為一個殘忍、悲慘的人。不會有地獄之火等著你,不會有報應。你甚至可能憑藉你的殘暴行為成為總統或董事長。就這樣吧。宇宙讓你展現最糟的自己。那是你要的嗎?你可以溫順,也可以不要如此;你可以粗魯,也可以不要如此;你可以把你的智慧浪費在瑣事上,也可以不要如此;你可以一輩子不做你該做的事、不成為你該成為的人,也可以不要如此。或者,你可以站起來,成為生活中的美好,利用你的可得性格和你所擁有的自由,用來努力有意識地過生活。

過去的 150 年裡,我們把 19 世紀理想的真、美、善摧

殘殆盡,並給予它必要的後現代批評。真相被解構;美麗被撕碎;就連次等的相對主義論證也擊潰了善良的概念。所有這些抨擊在某種程度上都是完全必要也絕對正確,因為我們需要直視語言,拒絕受它的誘惑所惑。但現在,完成了適當的分析之後,我們可以用一種可愛的後現代重建方式,重振真善美的理想,將你和你的意義創造努力置於首要和中心位置。你努力根據你的原則和價值觀——即你的善良——來堅持你的真理,然後你就會成為生活中美好的存在。真善美以單純個人的形式回歸。

那些極為費勁的問題,例如無意義的工作、長時間的憂鬱、不協調的後天性格、日常的金錢問題、殘酷的自言自語和其他問題呢?什麼樣的答案才符合基於價值的意義創造?什麼樣的答案才能成為生活中的美好?一種令人欣慰的神秘主義,預示著快樂祥和的未來,難道不是一個更好的答案嗎?使用化學物質來舒緩並改變你的感受,難道不是更好的答案嗎?幻想復仇、透過睡眠來消除痛苦,或是維持瘋狂,難道不是更好的答案嗎?你怎麼想?你必須做出決定。

你之所以美,並不是因為有什麼看不見的力量將你塑造成它的形象,並將你視為美的客體。你不是美的客體;你就是美的**主體**。你知道嘗試和不嘗試之間的區別,而且你知道嘗試是美好的。你會**感覺到**:即使你當你嘗試時大汗淋漓,你也會感覺很美麗。這是一種兇猛的美。這不是插花和古典柱的美。這是自尊與責任之美。這是你開始將

每天導向人生目標之美。這件事對你來說很重要。

你寫了五本小說,但全都沒出版。你的律師資格考試已經落榜六次了。你在一所沒人聽課或學習的學校裡教書。你的伴侶輕視你。你沒有人可以愛,你懷疑未來是否會有愛情。你的父親打你。你患有慢性病。你無法維持收支平衡。在這些情況下,你怎麼可能成為生活中之美呢?你怎麼會想成為那樣的人?何必麻煩?難道你不該憎恨人生嗎?難道你不該盡量從餅乾、電影、睡眠中得到快樂嗎?要你忍受這一切**並**創造出基於價值的意義,難道不會要求太多嗎?這不荒唐、不可笑嗎?你必須做出決定。

如果你認同這種人生願景,那麼你就會走在下述的相當明顯的人生道路上。你會從事基於價值的意義創造,因為你明白這樣的生活方式可以堅持你的價值觀和原則,辨別你特有的聰明問題,讓你為自己感到驕傲,並減少你的痛苦。你承認你無法完成超出能力範圍的事——你不能真正規劃和執行諾曼第登陸,也無法減少我們人類表達自身利益方式中的殘酷,你不能重新粉刷西斯汀教堂(Sistine Chapel)的天花板,或者與已故親人一起吃一頓大餐——但你可以創建一個對你來說真正重要的意義機會清單,從而與生活建立一種不同的、更好的關係,也能每天醒來都能誠實地說:「我好好地感覺到哪些事物對我來說很重要,且今天我要有意識地生活。」只有少數人能如此。

同樣地,認識到我們是內建許多挑戰的實驗模型——我們的焦慮早期警告系統面對極小危機時會過度反應,導

致我們出現奇怪的症狀；我們高速運轉的大腦會讓我們感到危險，使我們強迫自己保持表面的、感覺像機械般行事的冷靜——我們可以更心甘情願地放下，並接受這樣的事實，我們是人類，我們不是超級生物，我們以簡單的方式與存在的事實聯繫在一起，但我們也不需因這樣的聯繫方式而將苛責自己，將自己貶低成蟲。我們不是神，也不是蟲，而是物種的成員之一，這個物種已演化至如今模樣，其誕生是為了讓每個在意的成員能起身面對問題，如人類所能一般。

如果你的特定聰明問題是別人經常跟你說你很聰明，而你開始相信自己不需要實際工作就可以做出出色的工作，那麼現在你就能對實際工作賦予意義。如果你的特定聰明問題是你的聰明才智（以及所有的聰明才智）被社會、團體、父母或老師輕視，那麼你就賦予意義給釋放之前的訊息、治療舊傷口，以及起身成為聰明人。如果你的特定聰明問題是聰明讓你把現實看得太清楚了，而且長時間感到悲傷，那麼你就賦予意義給拒絕採用**憂鬱症**的慣常標籤，並調查自己的悲傷情況與緩解這種痛苦的方式，比如說，你可以決定讓自己的生活有意義，而不是以情緒為主，這樣你就可以減少情緒的困擾，過有意義的日子。

如果你的生活讓你筋疲力盡，卻讓你不太滿意，你就可以運用你的聰明才智賦予意義，找出哪些事情必須改變。你找出必須改變的地方，然後利用你的可得性格來做出這些改變。如果你確認的挑戰是一個超巨大、非常強大、超

級痛苦的挑戰，且沒什麼方式可以改變——這使你無法認真看待自己的賦予意義和意義機會清單，而且你會立即看透它們只是由你創造，而非某種普世規則——那你停止一切，仔細思考我堅定的要求，也就是要你打開內心的開關，從認為生命本質上毫無意義，**轉變成意識到苦澀之人仍擁有意義的無限泉源**。你停下手上所有工作，以人性的角度和人性的方式重新評估人生的意義。

如果有人（包括因此而離開你的親人）跟你說你太傲慢、太不體貼、太自以為是等等——而你忍不住認同這些評語，即使承認這會激怒你——接著你利用你的聰明才智和可得性格為改變性格賦予意義。如果有人（包括你在鏡中看見的那個你）跟你說，你擁有所有你從未真正顯現出來的潛力，那你會利用你的聰明才智和可得性格，以對你來說重要的方式表現出那種潛力。你耐心地面對我指出的每一項挑戰，以及我沒有提到、但你知道存在的所有其他挑戰。

不用多說，我們討論的那些挑戰不會消失，因為你能牢記自己的人生目標，因為你根據創造基於價值的意義，確立你的人生方向，或因為你決定透過努力讓自己感到自豪。你的思緒仍會飛快運轉；初期的躁狂可能依然威脅著你；你想做的動腦工作和你目前從事的工作之間有巨大差距，這仍然會讓你沮喪。生活依然令你煩惱。但與這些煩惱並存的是你成為生活之美的畫面。我希望你能看到並感受這幅畫面。

依我所述的方式，你成為人生之美——你自己人生中的美景。世界人口15％最聰明的那15億人，無法組成一支善者之軍，他們不會達成共識，也不可能一起前進。他們聚集在一起並不算是美的集合；他們就只是是我們人類中最聰明的15％。但你可以減輕你的痛苦，盡最大努力迎接你的挑戰，並透過你一直知道要付出的努力——每天讓自己感到驕傲的努力——讓自己成為美。成為聰明人，起身，用心生活。我們就是可以做到這一點的物種。

本章提問

1. 你因為聰明而遇過哪些特殊挑戰？

2. 你希望怎樣因應這些挑戰？

3. 哪些挑戰似乎是你有能力應付的，哪些是你必須與之共存的？

4. 針對那些必須與之共存的問題，你會用什麼方法協助自己應付其長期又棘手的特質？

5. 有哪些議題在本書中沒有提到，但對你來說是個問題？你將如何因應？

結論
Conclusion

感謝各位閱讀《聰明、創意、高敏感人的生存指南》。我想送你們一段摘要,一段摘要聽起來可能天真又平常,但實際上是個很大的人生秘密。也就是:

意義是一種感覺,目標是一種選擇。

一旦你明白意義只是一種感覺 —— 一種特殊、重要的感覺,但就只是一種感覺 —— 你就能立即意會到以下幾點:你有責任確認專屬於你的意義機會清單,也就是那些你認為會為你帶來你所渴望感覺的活動或存在狀態

意義機會是指任何你猜測可能產生特定感覺的東西。你在猜測;你不認為某個機會一定會帶來保證。這一定只是猜測,因為曾經給我們帶來這種感覺的東西也許不會再次給我們帶來這種感覺。也許你喜歡以愛德華時代的英國(按:指愛德華七世於1901～1910在位時期)為背景的小說 —— 閱讀這些書會給你那種感覺。但並不意味著閱讀下一本仍然會給你這種感覺;也許會,甚至只是有可能;但誰知道呢?

我們經常經歷以下所有富含意義機會的事物:愛情和

人際關係;服務與管理職位;好的作品和道德行為;卓越、成就和事業;實驗、刺激和冒險;創意和自我實現;感官刺激與愉悅;滿足和欣賞的狀態等等。如果我們以前從這些活動或狀態中獲得過這種意義的感覺,那麼我們很有可能會從中再次獲得這種感覺。這些都是真正的機會。我再說一遍,它們無法保證任何效果;但它們是真正的機會。

試想看看,以前有什麼事情讓你產生或激發那種意義感?你可能會對調查結果感到意外。你可能會很驚訝,你在靜修會所待一年很少會感受到意義,但去拜訪你活潑的阿姨,明明你將拜訪視為例行工作和責任,卻總是非常有意義。靜修會所不會對你說話;但你阿姨對下東城生活的回憶會(按:下東城,Lower East Side,紐約曼哈頓東南部街區之一)。知道這些事情不是很好嗎?

一旦你進行這樣的分析,你就可以跟自己開啟一場令人驚嘆的新對話,這些對話會將意義放在適當的位置,讓你免受意義危機的影響,並為你描繪出你的意義機會的範圍和優先順序。這樣的個人分析可能聽起來如下:

「好吧,我最有可能因為寫我想寫的書、與珍相處、與孩子們嬉鬧、透過支持我所屬的民主黨退伍軍人團體來回應身邊日益增長的法西斯威脅而體驗到意義。我光是維持規律的日程安排,就能獲得相當大的意義——每天散步、安排營養充足的餐點等等。我不知道為什麼那些例行公事、平淡無奇的事情會讓人感覺很有意義,但它們確實如此。也許是因為所有這些事情都符合我的價值觀和原

則──這可能是關鍵或秘密。但無論秘密是什麼，我知道這些都是意義機會，值得重複！」

你擬出這份清單；同時，你準備好抓住生活中出現的新的意義機會。假設你是在非營利組織工作，並且一直渴望承擔更有意義的職責。你希望得到不同的任務，希望這些任務能帶給你渴望的感覺。今天，你得知公司在秘魯開設一個新的辦事處，需要有人員進駐。你的第一個念頭可能是，「那種經驗到底是什麼感覺？我先不要想得太美好，」「有鑑於我還需要考慮我的家人，外派到那裡符合我的價值觀、原則和人生目標嗎？」最後，「這可能是一個意義機會嗎？」

你可能決定抓住這個機會，也可能決定拒絕這個機會。但意識到它是一個可能的意義機會──意識到所有這些突然發生的事件都是潛在的意義機會──讓你有機會為生活增添意義體驗。如此一來，你就不會讓焦慮、懷疑或其他干擾因素阻止你給予機會應有的關注。因為你現在已經訓練自己可以即時抓住意義機會，所以你可以思考搬到秘魯是否有意義，而不是衝動地抓住這個機會或焦慮地拒絕它。

以下為例。假設你經常從冒險中感受到意義，但這些冒險總是伴隨著巨大的風險。此時此刻，你不想冒太大的風險，但你正對生活感到無聊，你真的想要一些刺激和那股特定的感覺。好吧，這可能是一個考慮「經過計算的意義機會」的時刻：一場風險不那麼高的冒險，但足以讓你產生那股感覺。這可能聽起來像是：「我知道那場冒

險對我來說是一個意義機會——現在，對於此刻來說，什麼是正確的冒險？也許不是跳傘或攀岩，但……朝聖呢？我一直很想去一趟著名的西班牙朝聖之路（Spanish pilgrimage）……」

如果你決定這麼做，就可以把你的生活視為一連串的意義機會。你很清楚這些機會無法擔保任何事。你可能寫了一本小說也出版了，但卻沒有體驗到那種感覺，也許是因為完成的小說與你的憧憬不符，也許是因為銷售量差，也許因為你對它寄予太多期望，或是各式各樣的原因——甚至你也說不出原因是什麼。很遺憾，這只是其中一個進展不順的意義機會；但你仍然可以在屋頂上大聲喊道，你實現了其中一個人生目標，你出生在這個世界，你抓住你認為可能的意義機會，一切都很好。也許你沒有「感受到那種感覺」——但你有目標地生活，完全按照你的意圖生活。

意義是一種感覺，而目標是一種選擇。選擇並實現你的人生目標，同時創造和抓住意義機會，這是一種生活方式。這無法回答聰明人可能想要解答的每一個問題，也無法提供方法應對聰明人可能遇到的每一個挑戰。但如果你能那樣生活，你會為自己感到驕傲，並會如你所能地接近那高標準的存在主義理想——真實地活著。

資源手冊
Resource Guide

簡介

歡迎翻閱《聰明、創意、高敏感人的生存指南》一書之資源手冊。本手冊可在你理解、管理和讚揚自己獨一無二的能力與敏感度時，提供額外的支持與協助。本手冊旨在協助你找到解決方法；我們希望這些資源可以更進一步幫助你走出自己的意義道路。

接下來的段落中，我們針對各式各樣主題精心策劃了相關資源，包括理解天賦、找到專門的心理衛生專家、加入支持團體、探索各種治療性方法，以及參考自我成長的資料。我們也加入線上課程、工作坊的資訊，以及旨在協助心理衛生與正念練習的創新數位工具。

手冊中也編列了關於天賦、創意和高敏感之最新的研究與學術資源，也囊括生活形態指南，提供控制焦慮、憂鬱和過度思考的實用方法，以及練習正念和冥想的資源。

此外，我們還編列了專門尋找有意義職涯選擇的篇章，以及勵志和著重創意的 podcast 與部落格連結。雖然藥物並非本書的重點，但我們還加了一節內容，提供控制症狀的藥物選擇指南。

每一項資源都有簡短描述，能讓讀者了解使用後會有的效果以及好處。找到意義和維持心理衛生，對每個人來說都是個人又獨特

的經歷。並非所有資源都能引起共鳴或有幫助。選擇最符合自己需求與興趣的資源，並按照你自己的步調隨意探索吧。

感謝你願意投入時間建構有意義又平衡的生活。我們希望這些資源可以在這條路上提供額外的協助。

理解資優

此處所列的機構、團體和學術資源，支援資優生的權利與需求，提供資源、豐富知識，並提供社群協助。無論你是否是資優生、父母、教育者，或心理衛生專家，這些資源都為你精心打造，引導你理解並培養天賦、高敏感和創意的人。

從杜克大學的美國資優兒童協會（American Association for Gifted Children, AAGC）到世界資優兒童委員會（World Council for Gifted and Talented Children, WCGTC），這些倡議團體提供各種資源，旨在支持資優兒童獨特需求與潛力。此外，這裡也列出研究期刊與學術文章的學術連結，更深入探討這些領域背後的科學與研究。

請瀏覽此資源列表，以更加理解和領會資優、高敏感和創意。當你深究這些資源時，願你能找到有優秀表現所需的答案、靈感和支持，或幫助其他人在他們的資優之旅中獲得成就。

教育與倡議團體

- 美國資優兒童協會（American Association for Gifted Children, AAGC）：杜克大學的美國資優兒童協會提供資源並支持資優兒童及其家庭。網址：sites.duke.edu/aagc。
- 美國心理學會—資優生（American Psychological Association-Giftedness）：美國心理學會提供理解資優生的資源與文章，以及資優生獨一無二的心理發展。網址：www.apa.org

- 創意文章：網站提供與創意有關的文章與討論，包括創意與資優的交集。網址：www.creativitypost.com。
- 戴維森天才發展研究所（Davidson Institute for Talent Development）：此機構為資優學生及其家人提供資源，包括理解資優生的資訊指南。網址：www.davidsongifted.org。
- Hoagies資優教育網（Hoagies' Gifted Education Page）：此資優兒童教育資源指南提供了幾乎各方面資優兒童的相關資源連結。網址：www.hoagiesgifted.org。
- 資優發展中心（The Gifted Development Center）：本中心提供理解和培養資優生的資源，包括文章、書籍和評估服務。網址：gifteddevelopment.org。
- 資優自學生論壇（Gifted Homeschoolers Forum, GHF）：這個無所不包的非營利性社群，為美國和世界各地資優自學生提供支援。網址：ghflearners.org。
- 資優教育加速研究與政策機構（The Institute for Research and Policy on Acceleration, IRPA）：本機夠致力於鑽研資優生的課程加速設計，提供與該主題相關的大量資源。網址：www.accelerationinstitute.org。
- 門薩兒童部（Mensa for Kids）：是規模最大、歷史最悠久的高智商團體其中的一個部門，門薩兒童部提供資優兒童、家長和教育者免費的教育資源。網址：www.mensaforkids.org。
- 國家資優教育學會（National Association for Gifted Children, NAGC）：此機構提供了大量資料，協助理解與支持兒童的資優特質。網址：nagc.org
- SENG（Supporting the Emotional Needs of the Gifted）（支持資優生的情意需求）著重在資優生的情意需求，並提供資源理解與支持這個獨特的群體。網址：www.sengifted.org。
- 世界資優兒童委員會（World Council for Gifted and Talented Children, WCGTC）：支持資優兒童的非營利性全球組織，此組織提供資源，每兩年會舉辦一次研討會。網址：world-gifted.org。

這些機構都能提供資訊並支持資優生及其家人、教育者和諮商師。

學術界資源連結

學術資源根據資訊提供深度和根據經驗的寶貴資訊。以下是幾個相關資源：

- 美國教育研究期刊（American Educational Research Journal）：發表原創的實證與理論研究以及教育分析，對理解和／或改善教育過程與成果提供重大的貢獻。網址：journals.sagepub.com/home/aer。
- 創意研究期刊（Creativity Research Journal）：為各個付出努力創作的各個領域提供交流平台，包括心理學、藝術、商業和教育。網址：www.tandfonline.com/toc/hcrj20/current。
- 教育研究資料庫（Education Resources Information Center, ERIC）：這個教育研究與資料的線上圖書館，是由美國教育部（U.S. Department of Education）的教育科學院（Institute of Education Sciences, IES）贊助。網址：eric.ed.gov。
- Google 學術搜尋（Google Scholar）：此搜尋引擎可透過簡單的方式廣泛搜尋學術文獻，包括資優、創意和敏感性的文章。網址：scholar.google.com。
- 高功能研究（High Ability Studies）：這個學術期刊發行資優、天腹語創意的原始研究論文。網址：www.tandfonline.com/toc/chas20/current。
- 創意行為期刊（Journal of Creative Behavior）：一份跨學科的國際季刊，會發表創意發揮效用的方法以及如何促進創意的原始研究論文。網址：creativityjournal.net。
- JSTOR：學術期刊、書籍和主要資源的數位圖書館。許多學校可免費登入，網址：www.jstor.org。羅伯評論（Roeper

Review）：發表學術文章的國際季刊，與資優教育各個層面的實踐、政策、應用研究和理論有關。網址：www.tandfonline.com/toc/uror20/current。
- SAGE 期刊：SAGE 出版社期刊內容的平台。他們發行與資優教育有關的好幾份期刊。網址：journals.sagepub.com。
- Taylor & Francis Online：可讀取大量學術文章，包括教育以及特殊和全納教育的文章。網址：www.taylorandfrancis.com。

請注意，以上有些資源可能需要訂閱或購買；許多資資源也可透過大學圖書館系統取得。

焦慮與憂鬱症

接下來列出的心理衛生組織，都是與焦慮和憂鬱症有關的研究、教育和倡議先驅。他們的目標是改善患有這些疾病的人的生活品質，努力不懈地促進大眾對心理健康問題的理解與治療。

我們也明白，心理衛生保健有時可能會造成經濟負擔。因此我們列出可提供經濟援助的資源，幫助那些沒有保險或難以取得必要藥物和醫療服務的人。

此外，為了認可社區支持和倡議的重要性，我們也列出一系列致力於提高心理衛生意識，並輔助受心理衛生問題（包括焦慮和憂鬱）影響的人的組織。

陷入危機時，立即的協助至關重要。我們列出一張電話熱線與簡訊／聊天服務清單，可在很痛苦的時刻提供直接支援。

此外，你還可以找到有關焦慮和抑鬱的事實和統計數據來源、線上篩檢工具、用於個人見解的患者部落格，以及正在進行的臨床試驗的詳細資訊，協助你了解最新研究。

這些資源為了解焦慮與憂鬱的複雜性提供全面性的指南。但

是，請切記，這些資源無法取代醫療建議。請務必諮詢醫護人員，以滿足你的特定需求。

心理衛生組織

本節深入探討在心理衛生研究、教育、倡議和支持方面，引領先驅的各個組織。這些非營利組織與政府機構孜孜不倦地盡力改善焦慮和憂鬱患者的生活，增進我們對這些疾病的理解，並為個人、家庭和醫護人員提供資源。瀏覽這些組織，深入了解他們的工作，並發掘他們提供的豐富資訊和資源。

- 美國焦慮與憂鬱症協會（Anxiety and Depression Association of America）：一個非營利組織，致力於透過研究、教育和資源改善焦慮症和憂鬱症患者的生活品質。網址：adaa.org。
- 美國精神醫學學會（American Psychiatric Association）：世界領先的精神醫學組織，成員遍布一百多個國家，致力於推動精神醫學發展，並為精神疾病患者提供優質照護。網址：www.psychiatry.org。
- 美國心理學會（American Psychological Association）：一個擁有超過時一萬五千名會員的多元組織，致力於推動跨學科的心理學，包括兒童心理衛生，並且支持軍隊人員。網址：www.apa.org。
- 美國疾病管制與預防中心—心理衛生部（Centers for Disease Control and Prevention—Division of Mental Health）：美國健康防護機構，負責心理衛生的研究與教育，採用公共衛生方法研究和預防心理疾病。網址：www.cdc.gov/mentalhealth/index.htm
- 希望憂鬱症研究基金會（Hope For Depression Research Foundation）：一個致力於憂鬱症與相關情緒障礙神經科學研究的非營利組織，旨在了解其原因，開發新的治療和預防方法，並消除憂鬱症帶來的污名。網址：www.hopefordepression.org。

- 全國精神疾病聯盟（National Alliance on Mental Illness, NAMI）：NAMI是美國最大的基層心理衛生組織，提供有關心理疾病的教育、倡導心理健康並經營NAMI熱線。網址：www.nami.org。
- 美國國家心理衛生研究院（National Institute of Mental Health）：一個聯邦機構，專門研究精神障礙，以便更佳了解精神疾病，從而促進其預防、康復和治療。網址：www.nimh.nih.gov。
- 世界衛生組織（World Health Organization）：國際衛生組織，在150個國家/地區設有辦事處，致力於透過對抗所有疾病（包括心理衛生障礙）並為需要的人提供食物和乾淨用水等必需品，來創造更健康的未來。網址：www.who.int。

經濟支援

在心理衛生治療領域摸索往往會產生財務上的困境。不過，有一些組織致力於為藥物、治療費用和醫療照護需求提供金錢援助。這些組織盡力確保每個人，無論經濟狀況如何，都能獲得必要的焦慮和憂鬱支持與治療。他們提供各種服務，從患者援助計劃的資訊，到補助處方藥物費用，協助減輕心理衛生照護的經濟負擔。

- 美國心理衛生組織（Mental Health America）：一個致力於應對精神疾病患者的需求，並促進所有人心理衛生的組織。網址：www.mhanational.org。
- 需要醫療（NeedyMeds）：一個非營利的資訊來源，為無力負擔藥物或醫療費用的人提供幫助。網址：www.needymeds.org。
- 處方協助夥伴計劃（Partnership for Prescription Assistance）：一項服務，幫助沒有保險和經濟困難的患者取得超過475個公共和私人患者援助計劃的資訊。網址：www.pparx.org。
- 輝瑞Rx通路（Pfizer Rx Pathway）：根據有輝瑞藥物處方

之患者的財務和保險條件提供幫助的計劃。網址：www.pfizerrxpathways.com。
- 美國社會安全局（Social Security Administration）：該政府機構提供社會安全福利，包括透過其伸出援手計劃（Extra Help program）提供處方藥的援助。網址：www.ssa.gov。
- Together Rx Access：此機構會在參與計劃的藥局，提供原廠藥和學名藥的處方產品優惠。網址：www.togetherrxaccess.com。

倡議與支持

倡議與支持組織透過提高意識、提供教育、對抗污名，以及為正在處理焦慮和憂鬱的人提供支持環境，在心理衛生保健方面發揮關鍵作用。他們的目標是提升受心理衛生問題影響的人和家庭，確保他們感到被理解、接受和賦權。從自殺防治到處理特定疾病，這些機構都滿足了廣泛的心理衛生需求。無論你是直接受到影響，還是尋求支持親人，這些資源都可以幫助你應對心理衛生的挑戰。

- 美國自殺防治基金會（American Foundation for Suicide Prevention）：致力於拯救生命並為受自殺影響的人帶來希望的組織。網址：AFSP.org。
- 焦慮網絡（The Anxiety Network）：提供有關恐慌症、廣泛性焦慮疾患和社交焦慮症的資訊和資源。網址：www.anxietynetwork.com
- 天生完美基金會（Born This Way Foundation:）：此組織致力於支持年輕人的安適狀況，讓他們有能力創造一個更友善、更勇敢的世界。網址：bornthisway.foundation
- 憂鬱症與雙極性情感疾患支持聯盟（Depression and Bipolar Support Alliance）：為與憂鬱症或雙極性情感疾患共存的人及其家屬提供基於同儕的服務。網址：www.dbsalliance.org

- 憂鬱症家庭意識（Families for Depression Awareness）：協助家人認識與因應憂鬱症和雙極性情感疾患。網址：familyaware.org
- 國際強迫症基金會（International OCD Foundation）：透過促進自覺、治療和研究，幫助強迫症患者過著充實而有生產力的生活。網址：iocdf.org
- 把愛寫在她手上（To Write Love On Her Arms）：非營利運動，致力於為那些受憂鬱、成癮、自殘和自殺所苦的人帶來希望並尋求協助。網址：tloha.com

危機熱線

危機熱線為經歷嚴重精神痛苦或有自殺念頭的人，提供即時、方便且保密的協助。這項服務全年無休，可透過電話、簡訊或聊天來取得協助。電話另一頭是訓練有素的專業人員，會提供關懷的傾聽和指引，並在必要時指導個案適當的當地資源。在緊急危機期，這些熱線有重大影響力，可提供拯救生命的支援，並確保沒有人在受困時感到孤獨。

電話熱線

- 國家自殺防治生命線（National Suicide Prevention Lifeline）：為身陷自殺危機或困擾的人提供全年無休、免費且保密的支援服務。網址：suicidepreventionlifeline.org
- 國家熱線網絡（National Hopeline Network）：為處於精神痛苦或自殺危機中的人，提供支持的危機熱線。網址：hopeline.com
- 崔佛生命線（The Trevor Project）：針對LGBTQ青少年的危機介入與自殺防治服務。網址：www.thetrevorproject.org

簡訊或聊天支援

- 危機相談室（Crisis Chat）：國家自殺防治生命線的線上服務，為精神痛苦的人提供即時、安全、匿名的危機諮詢。suicidepreventionlifeline.org/chat
- 危機簡訊熱線（Crisis Text Line）：透過簡訊為陷入危機的人提供免費的全年無休支援。網址：www.crisistextline.org

事實與統計數據

事實與統計數據對於了解焦慮和憂鬱症的盛行率、影響和社會規模至關重要。這些資料有助於揭露這些疾病的共通性，消除誤解並強化心理衛生意識與治療的重要性。來自可靠來源的資料，還可以指引研究、政策制定和介入措施，以解決這些重大的心理衛生問題。請留意，統計資料可能會因新研究出現，隨時間而有所變化。

- 美國焦慮與憂鬱症協會（Anxiety and Depression Association of America）：提供有關焦慮與憂鬱症的事實和統計資料。網址：adaa.org
- 美國疾病管制與預防中心：提供有關焦慮和憂鬱症的概述和統計資料。網址：www.cdc.gov/tobacco/campaign/tips/diseases/depression- anxiety.html
- 憂鬱症與雙極性情感疾患支持聯盟（Depression and Bipolar Support Alliance）：提供有關憂鬱症的統計資料。網址：www.dbsalliance.org
- 美國國家心理衛生研究院：提供有關焦慮和憂鬱症的統計資料與資訊。網址：www.nimh.nih.gov/health/statistics/major-depression www.nimh.nih.gov/health/topics/anxiety-disorders

憂鬱症與焦慮篩檢

篩檢工具在早期識別焦慮與憂鬱症方面發揮顯著作用。其中有些資源是提供自我評估工具，可深入了解一個人的心理衛生狀況。不過這些篩檢並不代表可取代專業評估。如果篩檢結果顯示有焦慮或憂鬱症的可能性，尋求醫護專業人員的進一步評估和支持非常重要。切記，尋求幫助沒有關係，踏出了解自己心理衛生的第一步，是值得讚許的自我照護行為。

- 美國焦慮和憂鬱症學會（Anxiety and Depression Association of America）：提供廣泛性焦慮疾患（Generalized Anxiety Disorder, GAD）的篩檢工具。網址：adaa.org

- 流行病學研究中心（Center for Epidemiologic Studies）：提供修訂版的憂鬱症量表來評估憂鬱症狀。網址：www.chcr.brown.edu/pcoc/cesdscale.pdf

- 憂鬱症與雙極性情感疾患支持聯盟（Depression and Bipolar Support Alliance）：提供憂鬱症篩檢。網址：www.dbsalliance.org

- 美國心理衛生組織（Mental Health America）：提供焦慮和憂鬱症的篩檢工具。網址：www.mhanational.org

- 《今日心理學》（*Psychology Today*）：提供焦慮和憂鬱症測驗，以及大量心理衛生專業人員和治療機構的名冊。網址：www.psychologytoday.com

- 社交焦慮研究院（Social Anxiety Institute）：專門研究社交焦慮症，並提供社交焦慮症的自我評估工具。網址：socialanxietyinstitute.org

患者部落格

患者部落格提供了因應焦慮與憂鬱症的第一手視角。這些部落格是個人分享經驗、掙扎、勝利和建議的平台。他們創造了一種社區意識，提供實用的因應策略，並提醒你，這段旅程中自己並不孤單。瀏覽這些部落格時，請切記，每個人的經歷都是獨一無二的，對這個人有效的方法可能對其他人無效。請務必諮詢醫護人員，尋求專業建議。

- 焦慮大師（Anxiety Guru）：保羅・杜利（Paul Dooley）是一位有證照的治療師，他創立此部落格的目的是為焦慮症患者提供相關內容。包括自我成長技巧、因應方法和 podcast。網址：www.anxietyguru.net

- 焦慮百百款（Anxiety-Schmanxiety）：這個部落格內容涵蓋各種焦慮症、恐懼症和創傷後壓力症候群（PTSD）。投稿人都有焦慮症的個人經歷，提供處理恐慌症發作、冒牌者症候群（impostor syndrome）等的小技巧。網址：www.healthyplace.com/blogs/anxiety-schmanxiety

- 憂鬱症馬拉松（Depression Marathon）：一位患有憂鬱症的跑者分享了她的健康、健身和精神疾病的最新狀況。讀者可以回溯她自 2008 年以來的心路歷程。網址：depressionmarathon.blogspot.com

- 社交恐懼症日記（Diary of a Social Phobic）：由一名大學生經營的部落格，記錄了她與社交焦慮症和憂鬱症的搏鬥，並分享她的個人故事。網址：diaryofasocialphobic.wordpress.com

- 憂鬱症律師（Lawyers with Depression）：此部落格的目標讀者是法學院學生、律師和法官；目的是讓這些職業的人，在與憂鬱症搏鬥時不再感到孤獨。網址：www.lawyerswithdepression.com

- 產後之路（Postpartum Progress）：此部落格為面對產後憂鬱症等精神疾病的新手媽媽提供協助與支持，分享許多母親的心路歷程。網址：postpartumprogress.com
- 改變時間（Time to Change）：此部落格位於英國，分享的宗旨是打破精神疾病污名的經驗，聲稱精神疾病與身體疾病一樣嚴重。網址：www.time-to-change.org.uk

臨床試驗

臨床試驗對於促進焦慮和憂鬱症的理解和治療，發揮相當重要的作用。這些研究為研究人員提供了一個平台，測試新的介入措施、藥物、治療和處置，以確定其有效性和安全性。參與臨床試驗可以提供新的治療選擇，同時有助於科學界對這些心理衛生狀況的全面了解。本節包含正進行中的焦慮和憂鬱症臨床試驗資源。參加任何臨床試驗之前，請務必詢問你的醫師或治療師。

- 美國焦慮與憂鬱症協會—臨床試驗：該網站列出了目前關於焦慮和憂鬱的臨床試驗。網址：adaa.org/finding-help/clinical-trials
- CenterWatch：為研究人員和患者提供臨床試驗資訊，並提供按條件和地點搜尋開放臨床試驗的功能。網址：www.centerwatch.com
- ClinicalTrials.gov：該網站由美國國家醫學圖書館（US National Library of Medicine）提供，列出全美50州與其他國家的研究。網址：clinicaltrials.gov
- 哥倫比亞大學附設醫院精神科（Columbia Psychiatry）—臨床試驗：哥倫比亞大學精神病學系對精神疾病進行創新研究。網址：www.columbiapsychiatry.org/research/clinical-Trials
- 梅約診所（Mayo Clinic）—憂鬱症臨床研究：非營利梅約診所在美國四個校區進行臨床研究。網址：www.mayoclinic.org/

departments-centers/psychiatry services/clinical-studies
- 國家心理衛生研究所—特色研究：此網站提供專門針對焦慮症和憂鬱症之臨床研究的資訊。網址：www.nimh.nih.gov/health/Trials

查證這些資源非常重要，因為自撰寫本書後，內容可能已更新或更改。請務必諮詢醫護人員，取得專業建議。

心理衛生專家

找到合適的心理衛生專家，對於控管和了解一個人的心理衛生非常重要。為有天賦或高敏感的人尋求照護資源時，差異可能會更細微。這些人經常面臨特有的情緒和心理挑戰，需要專門針對他們的理解和方法。本節列出綜合資源列表，有助於讀者找到專門與有天賦或高敏感的人合作的專家。內容囊括治療師位置到線上平台、名冊和專業協會，可以指引讀者獲得適當的支援。切記，合適的專業人員會讓你感到自在、知道你的需求，也具備協助你所需的專業知識。一向建議在決定合適的選擇之前，多方嘗試不同的專業人員，提出問題並討論你的疑慮。

- 美國心理學會（American Psychological Association）心理學家定位器：這個定位器有助於找到所在地區的心理學家。直接聯絡他們，討論他們與有天賦或高敏感人相處的經驗。網址：locator.apa.org
- BetterHelp：可與有執照的治療師聯繫的線上平台。可以申請具有有天賦或高敏感經驗的治療師。網址：www.betterhelp.com
- 戴維森研究所（Davidson Institute）：該研究所可提供指引，為家中的資優兒童尋找治療師。建議向值得信賴的家人、朋友、當地或當州資優生協會或其他資優生團體尋求推薦。網址：www.davidsongifted.org

- 資優發展中心專家名冊（The Gifted Development Center Professionals Directory）：此名冊提供資源協助尋找了解資優生的專業人士。網址：giftedness. gifteddevelopment.org
- 國際治療師名冊：此名冊有助於尋找世界各地與外籍和國際客戶合作的治療師，其中一些專門從事資優和高敏感治療。網址：internationaltherapistdirectory.com
- 美國國家生涯發展協會（National Career Development Association, NCDA）生涯顧問名冊：NCDA提供生涯顧問名冊；一定要詢問他們與資優或高敏感的人交手的經驗。網址：www.ncda.org/aws/NCDA/pt/sp/consumer_find
- 《今日心理學（Psychology Today）》治療師名冊：利用篩選機制搜尋專精資優和／或高敏感領域的治療師。網址：www.psychologytoday.com/intl/counsellors
- SENG（支持資優生的情意需求）心理衛生相關醫護人員名冊：名冊內容囊括有與資優人士合作經驗的醫護人員。網址：www.sengifted.org/providers
- Talkspace：又一個線上治療平台，在這裡可以指定擁有與資優或高敏感個案對談經驗的治療師。網址：www.talkspace.com
- 治療路線（Therapy Route）：一份全球名冊，可用來尋找可依專業分類的治療師。網址：www.therapyroute.com
- 也可以搜尋州許可委員會上的列表，或聯絡以下資優生服務機構，獲得更多資訊：資優生測試員和治療師地圖、Summit Center、Hoagies、The Child Mind Institute和High Skill。

請留意，選擇心理衛生專家時，必須找到一個你自己感覺舒適並且了解你的特定需求的人。在決定合適的專業人士之前，請盡量聯絡多位專家、提問，並討論你的疑慮。

支持團體

身為天資聰穎或高敏感的人，探索這個世界時常常會感到自己格格不入。但是，請記得你並不孤單。支持團體可為有相似經驗的人提供一個安全空間，讓他們分享自己的故事，同理地傾聽他們的聲音，並給予安慰、指導和建議。在本節中，我們會列出一些線上和線下支持團體的資源，供天資聰穎和高敏感的人查詢。這些團體的關注焦點和方法各不相同，從臉書等社群媒體平台到 Meetup 等針對社群的網站，以及致力於資優生社群的特定組織。參加這些支持團體時，請尊重團體規則與其他成員的隱私。畢竟，這些空間的成長茁壯，取決於相互信任、尊重和理解。

臉書

- 「資優成年人」臉書社群：這個私人社群為資優、有創意和高敏感的成年人，提供一個分享經驗、想法和建議的空間。網址：www.facebook.com/groups/giftedadults

MEETUP

- 「資優成年人」群組：此社群可讓資優成年人分享經驗和建議。上面也列出世界各地的類似群組。網址：Meetup.com
- 「高敏感人」群組：另一個 meetup 群組，是為高敏感人提供團結和相互支持的 meetup 群組。網址：Meetup.com

其他

- GoodTherapy：此團體提供專門與資優生合作的治療師名冊。網址：www.goodtherapy.org
- 自學資優生論壇（Gifted Homeschoolers Forum, GHF）線上社群：雖然最初是為了家自學資優兒童的家長設立的，但此線上

社群中有很多針對資優生不同方面需求的支持團體。網址：ghflearners.org/home/about-ghf
- InterGifted 線上社群：此社群提供資優成人同儕支持、課程和研討會的社群。網址：intergifted.com
- SENG（支持資優生的情意需求）模範家長社群：SENG 提供專為資優兒童家庭設計的實體與線上家長社群。網址：www.sengifted.org/smpg
- 獨特的資資優生網路資源：該網站列出資優兒童和成人線上支持團體列表，包括雙重特殊資優生，或其他特殊需求的人。網址：uniquelygifted.org

治療方法

因應心理衛生問題時，了解不同的治療方法及其效益至關重要。每個人都是獨一無二的，有不同的經驗、情緒和觀點。因此，沒有一體適用的萬用療法。本節提供各種不同療法的資源，包括藝術／創意／表達治療、認知行為治療（Cognitive-Behavioral Therapy, CBT）、辯證式行為治療（Dialectical Behavior Therapy, DBT）、存在主義治療（Existential Therapy）、經驗治療（Experiential Therapy）和正念治療（Mindfulness-Based Therapy）。

這些療法對於資優或有創意的人特別有幫助。從利用創意作為一種表達和治療，到學習如何管理情緒和壓力，這些療法提供的技巧可能可以改變人生。此外，也提供理解和練習正念與冥想的資源——控制壓力、焦慮和憂鬱的強大工具。針對發現探索潛意識深度有益的人，也有提供精神分析的資源。

本節旨在提供多種選擇，讓讀者可以找到最適合自己需求的治療方法。重要的是要切記，需要時間與耐心才能找到合適的選擇，

因此請任意探索不同的選擇，直到找到最適合自己的選項。

藝術／創意／表達治療

這種創意治療會利用以藝術為主的活動，如音樂和舞蹈，協助治療情緒和心理衛生狀況。

機構團體

- 美國藝術治療協會（American Art Therapy Association, AATA）：AATA 是藝術治療師的專業團體。了解藝術治療，並找到所在地的有照藝術治療師。藝術治療對於充滿創造力的人特別有效。網址：arttherapy.org
- 藝術治療認證委員會（Art Therapy Credentials Board, ATCB）：ATCB 維護一份經委員會認證的藝術治療師名單。網址：atcb.org
- 藝術治療無國界（Art Therapy Without Borders, ATWB）：ATWB 提供一系列與藝術治療相關的國際資源。網址：arttherapywithoutborders.wordpress.com
- 國際表達藝術治療協會（International Expressive Arts Therapy Association, IEATA）：IEATA 提供一份表達藝術治療專業人士與組織的全球名冊，內容不僅囊括視覺藝術，還包含舞蹈、戲劇、音樂和寫作。網址：www.ieata.org
- 全國創意藝術治療協會（National Coalition of Creative Arts Therapies Associations, NCCATA）：NCCATA 提供各種創意藝術治療的相關資源，包括藝術、舞蹈／運動、戲劇、音樂、詩詞和心理劇。網址：www.nccata.org

書籍與課程

- 《藝術治療自我工作手冊》（*Art Therapy Sourcebook*），作者：凱西・馬奇奧迪（Cathy Malchiodi）。本書提供有關藝術治療的工具與方法等相關資訊，以及讀者可以自己做的練習。
- 《神奇舒壓著色畫》（*The Art Therapy Colouring Book*），作者：理查・梅利（Richard Merritt）、漢娜・戴維斯（Hannah Davies）及辛蒂・王爾德（Cindy Wilde）。專門為舒壓和正念設計的著色書。
- 表達藝術靈感（Expressive Art Inspirations）：供情感治療使用的免費線上表達藝術提示。網址：www.expressiveartworkshops.com/expressive-art-resources
- 優領思（Udemy）上的線上藝術治療課程：提供一些藝術治療相關線上課程，供對架構更完整之自我指導學習感興趣的人使用。網址：www.udemy.com/topic/art-therapy

藝術與表達治療可作為自我發現、理解情緒和管理心理衛生的強大工具，特別是對於創意豐富的人。不過，與任何治療方法一樣，可能會引出不舒服的情緒，因此在深入研究這項工作時，有適當的專業支持至關重要。

認知行為治療（Cognitive-Behavioral Therapy, CBT）

認知行為治療（CBT）是一種常見的談話治療（心理治療），可以幫助個案意識到不準確或負面的想法，進而更清晰地看待具有挑戰性的情況，並更有效地因應。

- 行為與認知治療協會（Association for Behavioral and Cognitive Therapies, ABCT）治療師名冊：透過此名冊可找到專攻認知行為治療的治療師。services.abct.org/i4a/memberDirectory
- 《今日心理學認知行為治療指南》（*Psychology Today Guide to*

CBT）：本指南全面概述認知行為治療、其治療原理，以及預期結果。www.psychologytoday.com/intl/therapy-types/ cognitive-behavioral-therapy

辯證行為治療（Dialectical Behavior Therapy, DBT）

辯證行為治療是一種針對情緒激動的人的談話治療。其為一種改良版的認知行為治療，教導人們如何活在當下、發展健康的方法應付壓力、調節情緒，並改善與他人的關係。

- 行為技術（Behavioral Tech）：此為辯證行為治療創始人瑪莎‧萊恩漢（Marsha Linehan）創立的培訓組織。他們維護一份受過訓練的辯證行為治療治療師名單。網址：behavioraltech.org/resources/find-a-therapist
- 《今日心理學辯證行為治療指南》（*Psychology Today Guide to DBT*）：本指南概述了辯證行為治療、其用途，以及預期治療過程。網址：www.psychologytoday.com/intl/therapy-types/dialectical-behavior-therapy

存在主義治療（Existential Therapy）

存在主義治療是一種強調整體人類狀況的治療。其採用正向的方法，讚頌人類的能力和志向，同時承認人類有其侷限。

- 《今日心理學存在主義治療指南》（*Psychology Today Guide to Existential Therapy*）：本指南概述了存在主義治療。這種療法對於那些盡力克服人生目標與意義問題的資優和高敏感人而言，非常重要。網址：www.psychologytoday.com/intl/therapy-types/existential-therapy

經驗治療（Experiential Therapy）

經驗治療是一種利用表達工具與活動，如角色扮演或引導式心像法，幫助個案處理和解決情緒問題的治療方法。

- 美國經驗治療師學會（The American Society of Experiential Therapists）：該組織提供經驗治療的相關資訊和經驗治療師名冊。網址：isep.co

以正念為基礎的治療（Mindfulness-Based Therapy）

以正念為基礎的治療是將正念練習融入傳統治療中。正念和冥想對於控制壓力、焦慮和憂鬱非常有幫助。以下是一些資源，可更加了解這些方法：

- 冥想與心理治療研究所（Institute for Meditation and Psychotherapy, IMP）治療師名冊：IMP持續更新一份將正念融入其方法中的治療師名冊。網址：meditationandpsychotherapy.org/find-a-therapist
- Mindful.org正念簡介：Mindful.org提供各種資源，有助於世人理解和練習正念，包括以正念為基礎的治療。網址：www.mindful.org/meditation/mindativity-getting-started

課程、工作坊與計劃

- 當地冥想中心：許多城市都有當地的冥想中心，提供課程、研討會與團體冥想課程。查看當地清單，了解所在地區可參加的課程。
- 以正念為基礎的減壓（Mindfulness-Based Stress Reduction, MBSR）計劃：許多醫院和診所都有提供這種計劃，傳授以正

念作為管理壓力和改善安適的工具。
- Coursera—萊頓大學（University of Leiden）的「正念與冥想」：這門線上課程探討了正念背後的科學，並提供培養正念練習的實用技巧。

應用程式

- 10% Happier：此應用程式提供冥想指導和影片，以簡單、實用的方式，傳授正念的方法。它主要針對懷疑論者，以及認為自己無法冥想的人。
- Calm：一款流行的冥想應用程序，提供睡前故事、呼吸練習和其他放鬆工具。
- Headspace：一個提供引導冥想和正念練習的應用程式。
- Insight Timer：這個免費的應用程式有上千則冥想指導，以及一個大型的用戶社群。
- UCLA Mindful App：此應用程式由加州大學洛杉磯分校正念覺察研究中心（UCLA Mindful Awareness Research Center）開發，提供英語與西班牙語的免費引導冥想。

書籍

- 《心靈照亮：整合佛教智慧與腦科學，進行更強大正念的完整冥想指南》（*The Mind Illuminated: A Complete Meditation Guide Integrating Buddhist Wisdom and Brain Science for Greater Mindfulness*），作者：約翰・葉慈（John Yates）：這本書結合佛教教義和神經科學見解，提供正念和冥想的全面指南。
- 《正念的奇蹟》（*The Miracle of Mindfulness: An Introduction to the Practice of Meditation*），作者：一行禪師（Thich Nhat Hanh）：

這本書由著名佛教僧侶一行禪師撰寫，提供將正念融入日常生活的實用建議。

- 《當下，繁花盛開》（*Wherever You Go, There You Are: Mindfulness Meditation in Everyday Life*），作者：喬・卡巴金（Jon Kabat-Zinn）：這本書是正念與冥想的經典讀物。

切記，雖然正念與冥想可以幫助很多人，但在因應嚴重焦慮或憂鬱症時，它們並不能取代專業協助。面對嚴重的心理衛生問題，請務必諮詢醫護人員。

精神分析

精神分析是一套理論和與治療技巧，部分在處理潛意識心理，並形成一種有時被稱為「深度心理學」的治療方法。

- 美國精神分析協會（American Psychoanalytic Association, APsaA）：APsaA 提供有關精神分析的資訊和精神分析治療師名冊。網址：apsa.org
- 國際精神分析協會（International Psychoanalytical Association, IPA）：IPA 提供有關精神分析的資訊，並維護一份全球精神分析師名冊。網址：www.ipa.world

切記，尋找合適的治療方法，是非常個人的過程。找到最適合自己需求的治療方式和治療師可能需要時間。不要吝於探索不同的選擇並提出問題，直到找到適合自己的選擇。

藥物

為了改善心理衛生狀態，可能需要考慮將藥物治療也當作治療計劃的一環。應先與值得信賴的醫護人員討論後再做此決定。不過，了解不同的藥物選擇，可以讓你與醫療團隊進行更清楚狀況的

討論。

　　本節的資源旨在協助你了解可選擇的不同類型心理衛生藥物、其潛在副作用、交互作用等。列表內容包括來自梅約診所和美國國家心理衛生研究院等受人敬重的醫療機構資源，以及處方藥和非處方藥資料庫。

　　還可以找資源協助比較不同藥物的功效、安全性和成本，並隨時了解心理衛生藥物的最新研究。此外，本節還包含說明不同心理衛生藥物如何發揮作用的資源。

　　切記，這些資源的用意是補充醫護人員的建議，而非取代之。在開始或改變任何藥物治療方案之前，一定要諮詢你的醫療團隊。

- 《消費者報告》（*Consumer Reports*）—最值得買的藥物：此資源有助於比較不同藥物（包括一些心理衛生藥物）的功效、安全性和價格。網址：www.consumerreports.org/health/consumer-reports-best-buy-drugs

- Drugs.com — 線上藥物資訊：綜合資源，包含處方藥和非處方藥資料庫，包括用於治療心理衛生問題的藥物。網址：www.drugs.com

- 梅約診所—精神疾病：梅約診所提供各種類型精神疾病的詳細、可靠資訊，包括可能的藥物治療的討論。網址：www.mayoclinic.org/diseases-conditions/mental-illness/diagnosis-treatment/drc-20374974

- MeminationAccess.com：協助患者了解並取得藥物的獨立資源。他們提供有關精神科藥物及其使用的綜合資料庫。網址：medicationaccess.com

- MedlinePlus—心理衛生藥物：由美國國家醫學圖書館提供，這份綜合資源解釋了不同心理衛生藥物的作用。網址：medlineplus.gov/mentalhealthmedicines.html

資源手冊　243

- 美國國家心理衛生研究院（National Institute of Mental Health, NIMH）―心理衛生藥物：此資源提供有關心理衛生藥物的詳細資訊，包括用於治療焦慮症、注意力不足過動症（ADHD）、雙極性情感疾患、憂鬱症等的藥物。網址：www.nimh.nih.gov/health/topics/mental-health-medications/index.shtml
- Pharmacy Times：提供最新新聞與藥物研究，包括心理衛生藥物。網址：www.pharmacytimes.com
- 美國食品藥物管理局（FDA）― 有關特定藥物的資訊：FDA 提供有關特定藥物的詳細資訊，包括適應症、副作用、警告等。網址：www.fda.gov/drugs/drug-safety-and-availability/information-specific-drugs
- WebMD――心理衛生與藥物：WebMD 提供許多易學易懂的心理衛生藥物概述，包括可能的副作用和藥物交互作用。網址：www.webmd.com/mental-health/mental-health-medications

自我成長書籍

書可當做鏡子，反映我們自己的經歷，也可以一窺他人的人生。書籍可以提供指引、驗證、靈感和迫切需要的視角，特別是對於那些在資優、富有創意或高敏感的複雜領域中探索的人。

接下來的清單囊括各種自我成長書籍，這些書籍可能對具有這些特徵的人特別有洞察力。這些書深入探討諸如理解和控制激動的情緒、利用創造力、以高敏感人茁壯發展，以及身為內向者如何探索世界等主題。這些書還提供了克服情緒波動、焦慮、內疚和其他負面情緒的實用技巧。有些書專門針對資優或高敏感兒童的父母，提供策略，協助這些孩子茁壯成長。

從探索創意和資優心理學，到深入研究認知行為治療的原理，這些書籍涵蓋針對資優、高創造力和高敏感人群的需求而量身定制

的廣泛主題。

不過，一定要切記，每個人的資優和高敏感都有不同的表現，在探索這些資源時應該考量這些差異。每個人的人生旅程都是獨特的，不同的書會引起不同人的共鳴。請自在挑選能引起你共鳴的內容，忽略那些無法引起你共鳴的東西。

雖然這些書籍可能是絕佳的資源，但並無法取代因應重大心理衛生問題時，對專業協助的需求。如果你遇到這樣的情況，請尋求心理衛生專家的協助。

- 《高敏感人的大腦訓練》（*Brain Training for the Highly Sensitive Person: Techniques to Reduce Anxiety and Overwhelming Emotions: An 8-Week Program*），作者：茱莉・比爾蘭（Julie A. Bjelland）。本書提供一個為期八週的計劃，協助高敏感人減輕焦慮和難以承受的情緒。
- 《創造力：心流及創新心理學》（*Creativity: Flow and the Psychology of Discovery and Invention*），作者：米哈里・契克森米哈伊（Mihaly Csikszentmihalyi）。關於理解和培養創意的開創性著作。
- 《創意與資優》（*Creativity and Giftedness*)（這是資優教育系列必備讀本），作者：唐納德・特雷芬格（Donald J. Treffinger）與莎莉・雷斯（Sally M. Reis）。本書集結創意和資優的開創性文章，提供了20多年的研究、見解和實際應用，旨在激資優生的興趣。
- 《資優生的鬧劇：尋找真實的自我》（*The Drama of the Gifted Child: The Search for the True Self*），作者：愛麗絲・米勒（Alice Miller）。一本關於資優生的經歷和情感挑戰的經典著作。
- 《資優生的情感強度：協助孩子處理爆炸的情緒》（*Emotional Intensity in Gifted Students: Helping Kids Cope with Explosive*

Feelings》，作者：克莉絲汀・豐薩卡（Christine Fonseca）。這本書資優生提供更完善理解和管理他們強烈情緒的策略。

- 《增強高敏感人的能力》（*The Empowered Highly Sensitive Person: How to Harness Sensitivity into Strength in a Chaotic World*），作者：茱莉・比爾蘭（Julie A. Bjelland）。本書探討了協助高敏感人實現目標、過最好的生活，並幫助他們發揮天賦和優勢的策略。

- 《好心情：情緒會傷人》（*Feeling Good: The New Mood Therapy*），作者：大衛・柏恩斯（David D. Burns）。本書提供了克服情緒波動、焦慮、內疚和其他負面情緒的實用技巧。這是認知行為治療原則中，一本很棒的入門讀物，任何人都可以應用到生活中。

- 《資優高敏感的內向者》（*The Gifted Highly Sensitive Introvert: Wisdom for Emotional Healing and Expressing Your Radiant Authentic Self*），作者：貝尼塔・埃斯波西托（Benita A. Esposito）。這本書為資優、高敏感的內向者，提供治癒情感創傷和表達真實自我的見解和工具。

- 《資優生入門手冊》（*Giftedness 101*），作者：琳達・西爾弗曼（Linda Silverman）。本書幫助讀者深入了解資優生，從資優生獨特的心理過程，到他們經常面臨的特殊挑戰。

- 《高敏感兒童：協助孩子發光發熱》（*The Highly Sensitive Child: Helping Our Children Thrive When the World Overwhelms Them*），作者：伊蓮・艾倫（Elaine N. Aron）。這本書為高敏感孩子的父母提供了指引，並提供策略，協助他們在一個難以承受的世界中茁壯成長。

- 《高敏感人：當世界壓垮你時如何表現出色》（*The Highly Sensitive Person: How to Thrive When the World Overwhelms You*），作者：伊蓮・艾倫（Elaine N. Aron）。本書深入探討了高敏感族群，並提供身為高敏感人管理和發展的策略。

- 《高敏感人的生存指南：在過度刺激世界中的基本生存技能》

（*The Highly Sensitive Person's Survival Guide: Essential Skills for Living Well in an Overstimulating World*），作者：泰德・澤夫（Ted Zeff）。本書提供因應高敏感人所面臨的挑戰時的實用秘訣與技巧。

- 《與高強度共存：了解資優兒童、青少年和成人的敏感、興奮與情緒發展》（*Living with Intensity: Understanding the Sensitivity, Excitability, and the Emotional Development of Gifted Children, Adolescents, and Adults*），作者：蘇珊・丹尼爾斯 (Susan Daniels) 與麥可・皮喬夫斯基 (Michael M. Piechowski)。本書描述了過度興奮以及處理有這種情況的兒童和成人的策略，並提供了達布羅斯基積極瓦解理論（Dabrowski's Theory of Positive Disintegration）的基本資訊。

- 《活在當下：精神啟蒙指南》（*The Power of Now: A Guide to Spiritual Enlightenment*），作者：艾克哈特・托爾（Eckhart Tolle）。這本書幫助讀者專注於當下並找到平靜，這種方法對那些容易過度思考或焦慮的人特別有幫助。

- 《安靜就是力量：內向者如何發揮積極的力量》（*Quiet: The Power of Introverts in a World That Can't Stop Talking*），作者：蘇珊・坎恩（Susan Cain）。本書探討了內向者的優勢與挑戰，內向者在資優和敏感的人中，比例往往過高。

- 《自我同情：善待自己的力量》（*Self-Compassion: The Proven Power of Being Kind to Yourself*），作者：克里斯汀・內夫（Kristin Neff）。這本書提供練習與行動計劃，可用於處理每一次消耗情緒的掙扎，無論是養育孩子、減肥，還是日常生活中的諸多考驗。

切記，資優和高敏感在每個人身上都有不同的表現。探索這些資源時，務必考慮這種多樣性。每個人的人生旅程都是獨特的，不同的書會引起不同人的共鳴。挑選那些能引起你共鳴的內容，不用

資源手冊　247

理睬那些無法引起你共鳴的內容完全沒問題。自助書籍可能是很有幫助的資源，但並無法取代處理重大心理衛生問題時對專業協助的需求。

線上課程／工作坊

網路讓我們比以往任何時候更容易取得有教育意義的資訊，協助我們因應個人挑戰、發展新技能，並深入了解自己和世界。對於那些盡力克服書中討論的問題（例如資優、敏感、情緒強度及其相關挑戰）的人，這些資源可能特別有幫助。

清單內容囊括來自 Coursera、優領思（Udemy）、FutureLearn、edX、戴維森資優研究院（Davidson Gifted）、資優自學生論壇（Gifted Homeschoolers Forum）、SENG 和加州大學柏克萊分校（UC Berkeley）等知名平台的線上課程和研討會。這些資源深入探討正念、安適、情商、個人發展的神經科學、理解焦慮和憂鬱、認知行為治療、幸福科學、理解和解決資優兒童的獨特需求，並支持資優生及其家人的情意需求。

從學習正念科學，到掌握大腦以促進個人發展，從了解資優兒童的需求，到為了促進安適和顛峰表現，學習正念技巧，這些線上資源提供了廣泛的學習機會。

不過，一定要切記，雖然這些課程和工作坊可提供有價值的見解與工具，但終究不能取代專業協助。如果你深受嚴重的心理衛生問題所苦，向合格的心理衛生專家尋求協助十分重要。這些資源可補充你的理解，並提供新的視角，但必要時專業協助仍然至關重要。

COURSERA

- 萊頓大學（Leiden University）的「揭開正念的神秘面紗」（De-Mystifying Mindfulness）：本課程深入探討正念科學及其應用。
- 耶魯大學（Yale University）的「幸福的科學」（The Science of Well-Being）：這門熱門課程討論了以研究為基礎的幸福和幸福原則。

優領思 UDEMY

- 「情商：永續性能之路」（Emotional Intelligence: A Path to Sustainable Performance）：本課程傳授明白、使用和理解情商在工作場域及其他領域的技巧。
- 「主宰你的大腦：促進個人發展的神經科學（Master Your Brain: Neuroscience for Personal Development）」：在本課程中，可探索大腦在發展、習慣和錯誤方面的運作原理，以及如何讓它帶來好處。

FutureLearn

- 雷丁大學（University of Reading）的「理解焦慮、憂鬱和認知行為治療」（Understanding Anxiety, Depression, and CBT）：本課程可以幫助那些與深受這類情況所苦的人，更徹底地理解這些問題。
- 蒙納許大學（Monash University）的「以正念促進幸福感和最佳表現」（Mindfulness for Well-Being and Peak Performance）：本課程傳授可提升幸福感與生產力的正念技巧。

EDX：

- 加州大學柏克萊分校（University of California, Berkeley）的「幸福的科學」（The Science of Happiness）：本課程提供經過科學驗證的策略，讓學員可過更滿意的生活。

戴維森資優研究院

- 「資優兒童家長研討會」（Seminar for Parents of the Gifted and Talented）：線上課程，重點了解並解決資優兒童的獨特需求。

資優自學生論壇

- 「資優生入門課」：此線上課程旨在幫助家長更了解資優兒童，並為他們提供所需的支援。

SENG

- 小型會議與網路研討會：SENG（支持資優生的情意需求）提供各種線上小型會議和網路研討會，旨在幫助資優生及其家人因應他們獨特的挑戰。

加州大學柏克萊分校

- 加州大學柏克萊分校的至善科學中心（Greater Good Science Center）：該中心提供有關幸福、正向心理學和情緒健康的線上課程。

應用程式與線上工具

在數位科技時代，有許多線上工具可支持心理衛生並激發你的創意。這包括各種應用程式、podcast 和部落格。

我們列出的應用程式在設計時有考量到心理衛生與正念。它們提供一系列功能，從壓力管理工具和睡眠輔助，到情緒追蹤、引導冥想、建立韌性的遊戲、線上治療，甚至還有人工智慧「情緒智商」（emotionally intelligent）機器人。其中有些工具運用認知行為治療和接納與承諾療法（Acceptance Commitment Therapy, ACT）等成熟的治療技巧，協助使用者因應壓力、焦慮、憂鬱和其他心理衛生挑戰。

我們也列出了一些心理學和創意相關，值得關注的 podcast 和部落格。這些資源深入探討了創新、高敏感族群的特徵、幸福科學、心理衛生建議，以及因應情緒、同理心和敏感度的策略等主題。無論你是對人類潛力有興趣、想探索你的創意熱情，還是想了解更多有關心理衛生的整體和替代方法，這些 podcast 和部落格都提供了大量的資訊和見解。

切記，這些數位資源可以作為補充，提升你的心理衛生狀態並增強創意。他們提供自助工具和專家見解，但必要時，並無法取代專業的心理衛生服務。如果有嚴重的心理衛生問題，請務必聯絡專業醫護人員。

心理衛生與正念應用程式

- Breathe2Relax：壓力管理工具，提供有關壓力對身體影響的詳細資訊。
- Calm：一個用於睡眠、冥想和放鬆的應用程式。
- Daylio：一款微型日記應用程序，可輕鬆追蹤你的心情和活動。
- Happify：一款透過前衛科學家設計的遊戲和活動，促進情緒健康的應用程式。Headspace：一款正念應用程序，提供冥想引導、睡眠聲音等。

- Insight Timer：一款冥想應用程序，擁有大量免費冥想庫。
- MindShift CBT：一款專門幫助使用者面對焦慮的應用程序。其運用以認知行為治療為基礎的策略。
- Moodfit：一款心理健康應用程序，旨在協助人們改善情緒和心理衛生。
- MoodMission：一款應用程序，以任務形式提供實證的介入措施，協助控制憂鬱和焦慮的感覺。
- Pacifica：提供以心理學為基礎的日常語音課程和工具，幫助使用者緩解壓力、焦慮和憂鬱。
- Sanvello：一款提供經臨床驗證的技術和支援的應用程序，有助於控制壓力、焦慮和憂鬱症狀。
- Stop, Breathe & Think：一個提供簡短的正念和冥想練習的應用程式；使用者可檢查自己的情緒，並建議簡短的引導冥想。
- Stress & Anxiety Companion：協助使用者在因應生活中的壓力和焦慮。該應用程式包含呼吸練習、輕鬆的音樂，和靜心的遊戲。
- SuperBetter：一款旨在提高韌性並協助個人克服憂鬱、焦慮和壓力，並實現個人成長的應用程式。
- Talkspace：一個線上治療平台，使用者可與有照的治療師連線。
- What's Up?：一款免費應用程式，利用認知行為治療和接納與承諾療法，幫助使用者因應憂鬱、焦慮、壓力等。
- Wysa：一款以人工智慧為基礎的「情緒智商」機器人，採用有研究支持、廣泛使用的技術，如 CBT、DBT、瑜伽和冥想，協助使用者面對壓力、焦慮、睡眠、失落和一系列其他心理衛生方面的支持和安適狀況需求。

心理學和創意相關 podcast ／部落格：

- **大衛‧伊格曼的創意大腦**（*The Creative Brain with David Eagleman*）：一個探討人類如何創新，以及我們可以從中學到什麼的 podcast。
- *Creativity Post*：有關創意、創新和想像力的優質內容。
- *The Highly Sensitive Person Podcast*：討論高敏感人的獨特屬性的 podcast。
- *HSP Experience*：生活教練兼高敏感人史蒂芬‧傅利曼（Steve Friedman）探討 HSP 體驗的 podcast。
- *Psych Central* 部落格：一個線上資源，上面有大量各種心理衛生的相關文章和貼文。
- *The Emotionally Sensitive Person*：關於應付情緒、同理心和高敏感的 podcast。
- **斯科特‧巴里‧考夫曼博士的心理學** podcast（*The Psychology Podcast with Dr. Scott Barry Kaufman*）：與頂尖研究人員和思想領袖一起探索人類潛能之深度與幸福科學的 podcast。
- **今日心理學部落格**：頂尖治療師和教授分享心理衛生和心理學相關見解和建議。
- **精明心理學家關於改善心理衛生快速又骯髒的建議**（*The Savvy Psychologist's Quick and Dirty Tips for Better Mental Health:*）：吳潔德（Jade Wu）博士利用心理學科學，使其既有趣又有關連。
- **治療聊天** podcast（*Therapy Chat Podcast*）：蘿拉‧雷根（Laura Reagan）、持照臨床社會工作者、心理治療師、職業倦怠防治顧問和經過認證的 Daring Way™ 引導師，節目上會採訪來賓，討論心理治療、諮詢、輔導和治療課程中的整體與替代方法。
- **與勞倫‧洛格拉索一起解放你的內在創意**（*Unleash Your Inner Creative With Lauren LoGrasso*）：一個 podcast，目的是協助聽眾更徹底理解、追求和增強他們的創作熱情。

資源手冊　253

生活方式和職涯指導，探索你獨特的道路

踏上理解和利用個人獨特智力與情感能力的旅程，是非常個人且往往錯綜複雜的過程。對於高敏感和資優的人而言尤其如此，他們複雜的內心世界有時可能會感到難以承受或難以駕馭。身為高智商、有創意或敏感的人，你可能會以不同的方式感知世界，更深刻地體驗情感，並擁有非凡的智力處理能力。這些特性雖然凸顯了你的獨特性，但同時也可能導致需要特別理解和照顧的獨特挑戰。

本資源指南便是考量到這些因素而精心編寫，為你踏上自我發現和自我掌握的旅程，提供輔助的指南針。本指南旨在處理資優和高敏感人的獨特挑戰，提供適合你需求的全面資源庫。從深入研究資優生和高敏感人心理的書籍，到可協助提高情商或引導你正念的線上課程，每種工具都是精挑細選，可以在人生路途的各個階段和方面，提供支持。

不過，本指南也知道各位讀者的人生路途不僅限於管理心理衛生；還包括促進個人成長，並利用個人獨特的能力和敏感性，豐富人生經歷。因此，這裡的資源旨在幫助你因應和成長，將潛在的弱點轉化為優勢。它們提供途徑，探索你的創意和智力潛力、了解你的情感強度，並促進與你固有本性相符的真實自我表達。

生活形態指南

維持健康的生活習慣是控制焦慮和憂鬱等心理衛生狀況，以及減少過度思考傾向的關鍵基礎。對於高敏感和天生資優的人來說尤是如此，他們經常感受到更強烈的情緒，並且可能更容易因過度思考而感到精神衰弱。

定期的運動對於因應這些挑戰可發揮顛覆性的作用。快走、跑步、游泳、瑜伽或你喜歡的任何運動等活動，都可以帶來龐大的好處。產生的效益是雙重的：首先，可以有效地分散注意力，提供一個出口，協助人們將注意力從有害或急躁的想法上轉移。第二，這些活動會刺激腦內啡（endorphin）釋放，腦內啡是大腦中的化學物質，是一種天然的興奮劑，通常被稱為「好心情」的荷爾蒙。因此，定期運動有助於培養更正向的情緒，減少焦慮感，並提高整體心理健康。

　　營養選擇是這個等式中的另一個基本要素。食用富含各種水果、蔬菜、精瘦蛋白質和全麥的均衡飲食，有助於維持身心健康。這些營養豐富的食物，為身體和大腦提供必備維生素、礦物質和抗氧化劑，以發揮最佳功能。相反地，應盡量減少攝取加工食品、咖啡因和酒精，因為這些物質會加劇焦慮和情緒障礙。加工食品通常含有添加物和高糖分，導致能量暴跌和情緒波動。同時，過量的咖啡因和酒精會干擾睡眠模式，並加劇焦慮。

　　睡眠是情緒健康和認知功能中，常受到低估但卻重要的因素。維持規律的睡眠時程，並確保每晚充足、優質的休息，可以顯著提升思維清晰度、情緒調節和整體情緒。另一方面，睡眠不足會加劇焦慮和憂鬱感，並加劇過度思考的傾向。高敏感和資優的人經常更深入地處理訊息，優質的睡眠可以為大腦提供必要的休息和恢復時間。

　　此外，將正念練習融入日常生活中，對心理衛生會造成深遠影響。冥想、深呼吸和瑜珈可以促進平靜和當下的覺察。這種正念狀態可以幫助平衡過度思考的精神旋風，在當下產生平靜和踏實的感覺。這些練習也能訓練大腦對壓力更有韌性，而且可以增強情緒調

節能力。

要如前所述地改變生活方式，可能不一定總是那麼容易，需要投入心力，但這樣的改變，在控制焦慮、憂鬱和過度思考方面，可能有非常顯著的效果。切記，輕微但持續的改變，往往會帶來能長期維持的習慣，並在心理衛生和整體福祉方面產生長期的實質改善。

職涯指導

踏上尋找有意義工作的旅程，不僅需要評估你的能力和技能。還需要回溯你的熱情、價值觀、生活方式喜好，甚至你獨特的敏感度和情意需求。在數位科技時代，領英（LinkedIn）、Indeed 和 Glassdoor 等眾多線上平台可當做這方面努力的寶貴起點。這些網站提供廣泛的職位清單和公司評論，提供對潛在職位和工作環境的解析，有助於你搜尋。

不過，對於資優和高敏感人來說，找到最適合的職業是件錯綜複雜的事。不只是要找到一份你能勝任的工作；而是要找到一份能讓你在智力、情感和創意方面都表現出色的工作。這就是職涯諮詢服務非常有幫助的地方。它們深入探索你獨特的優勢、興趣和價值觀，引導你走向符合自己特質和志向的職業道路。

像國家生涯發展協會（National Career Development Association, NCDA）這類的組織，提供資源和目錄來尋找通過認證的職業顧問，他們可以在你的職業生涯中提供個人化指導。這些顧問可以協助你找到不僅適合你的技能，也滿足你的情意需求和求知欲的職涯，促使你的職涯更充實。

此外，還有一些資源和組織專為資優和高敏感的人提供支持。

例如，SENG 的職涯諮商（Career Counseling）服務和資優成人基金會（Gifted Adults Foundation）針對這些族群的獨特需求和挑戰提供量身打造的職業指導。這些服務知道資優和高敏感人獨特的認知和情感特徵，並針對這些細微差別提供支持與指引。

只要你覺得需要，請不吝尋求專業協助，無論是心理衛生支持或是職涯指導。有一群專家，他們理解資優、有創意和敏感的人的獨特經歷與挑戰。他們有能力為你提供在過程中所需的支持和理解。一定要記住，這段過程中你並不孤單。這段過程是關於克服挑戰和讚頌你獨特的能力，培養你的潛力，並在生活的各個領域找到成就感。

關於作者

艾瑞克・梅西爾博士在創意、批判心理學、人生目標與意義,以及心理衛生領域的著作超過 50 本。他為《今日心理學(Psychology Today)》以及《好男人計劃(The Good Men Project)》撰稿,並舉辦國際工作坊。

更多關於他的生平與著作,請前往 www.ericmaisel.com.。

國家圖書館出版品預行編目(CIP)資料

聰明、創意、高敏感人的生存指南：為什麼你很聰明，卻活得憂鬱空虛？心理學家告訴你改善的方式 / 艾瑞克・梅西爾（Eric Maisel）著；田昕旻譯. -- 初版. -- 臺中市：晨星出版有限公司，2024.09
面；　公分. --（勁草生活；551）
譯自：Why Smart, Creative and Highly Sensitive People Hurt: A Toolkit for Thriving in a Chaotic World
ISBN 978-626-320-890-2（平裝）
1.CST: 自我肯定　2.CST: 自我實現
177.2　　　　　　　　　　　　　　113009584

歡迎掃描 QR CODE
填線上回函！

勁草生活 551

聰明、創意、高敏感人的生存指南：
為什麼你很聰明，卻活得憂鬱空虛？心理學家告訴你改善的方式
Why Smart, Creative and Highly Sensitive People Hurt: A Toolkit for Thriving in a Chaotic World

作者	艾瑞克・梅西爾（Eric Maisel）
譯者	田昕旻
編輯	許宸碩
校對	許宸碩
封面設計	初雨有限公司（Ivy_design）
內頁編排	張蘊方
創辦人	陳銘民
發行所	晨星出版有限公司 407 台中市西屯區工業 30 路 1 號 1 樓 TEL：04-23595820　FAX：04-23550581 E-mail：service-taipei@morningstar.com.tw https://star.morningstar.com.tw 行政院新聞局局版台業字第 2500 號
法律顧問	陳思成律師
初版	西元 2024 年 11 月 15 日（初版 1 刷）
讀者服務專線	TEL：02-23672044 ／ 04-23595819#212
讀者傳真專線	FAX：02-23635741 ／ 04-23595493
讀者專用信箱	service@morningstar.com.tw
網路書店	https://www.morningstar.com.tw
郵政劃撥	15060393（知己圖書股份有限公司）
印刷	上好印刷股份有限公司

定價 390 元
ISBN 978-626-320-890-2

Copyright ©Eric Maisel 2023
This edition is published by arrangement with Mango Media Inc. through Andrew Nurnberg Associates International Limited.
All rights reserved.
版權所有・翻印必究
（缺頁或破損，請寄回更換）